How to Manage People

如何管好员工

[第三版]

[英] 迈克尔·阿姆斯特朗 著
（Michael Armstrong）
张松洁 译

中信出版集团·北京

图书在版编目（CIP）数据

如何管好员工：第三版 /（英）迈克尔·阿姆斯特朗著；张松洁译. -- 北京：中信出版社，2018.9

（创造成功经典系列）

书名原文：How to Manage People

（Creating Success）

ISBN 978-7-5086-9307-1

Ⅰ. ①如… Ⅱ. ①迈… ②张… Ⅲ. ①企业管理－人事管理 Ⅳ. ①F272.921

中国版本图书馆CIP数据核字(2018)第172282号

如何管好员工［第三版］

著　　者：［英］迈克尔·阿姆斯特朗

译　　者：张松洁

出版发行：中信出版集团股份有限公司

（北京市朝阳区惠新东街甲4号富盛大厦2座　邮编　100029）

承 印 者：北京通州皇家印刷厂

开　　本：880mm×1230mm　1/32　　印　　张：7.25　　字　　数：100千字

版　　次：2018年9月第1版　　印　　次：2018年9月第1次印刷

京权图字：01-2018-5248　　广告经营许可证：京朝工商广字第8087号

书　　号：ISBN 978-7-5086-9307-1

定　　价：42.00元

目　录

前　言

本书致力于为管理者和团队领导者提供关于如何管理团队成员的实用建议，从而使团队获得最佳业绩，并妥善解决任何可能出现的问题。

本书重点关注那些直接管控团队成员的一线管理者本身必须要做的事。一家企业可能制定了先进的 HR（人力资源）政策，但管理者才是切实执行这些政策的人。还有很多管理者不得不在缺乏人力资源政策指导的情况下进行工作，本书尤其能够满足这类管理者的需要。

本书中的 17 个思考练习有助于读者更加深入地理解本书内容并寻求问题解决方案，书末附录中则列出了针对每个思考练习的参考答案及其解释。

第一章

管理员工：管理者需要做什么

管理者通过雇用员工来完成工作，这就要求员工必须全神贯注、全力以赴。要想获得这样的全力支持，管理者就需要激励员工投身工作，确保他们领会管理者的意图，并且清楚知道如何有效工作。这是一项艰巨的任务，需要运用一系列高超的管理技能来完成。

这项任务的重要性日益突出，是因为目前在很多员工的心目中，他们的直接上司就代表了整个公司或组织。员工很难接触到其他管理层人员，所以常常有这样的说法：人们离职是因为上司，而不是因为公司。

管理者必须正确对待员工，也就是说，要公正合理，并且尊重、体谅员工。同时，为了实现工作目标，管理者还必须要让团队中的每个成员理解各自要完成的那部分工作，并切实完成。这就意味着管理者要不断发挥领导力，激励下属，提高下属的参与度。管理者要确保知人善用，而且使每个人都能充分发挥其所长。

管理员工并不总是一件容易的事。工作中出现矛盾或冲突，员工表现不佳或员工做出令人难以接受的行为，这都会引发问题。管理者必须要解决这些人为造成的问题。公司可能对此有既定的规章制度，但管理者才是实施这些规章制度的人。

<<< 思考练习 1.1>>>

管理者素质

你认为作为管理者应该具有哪些最重要的素质?

<<< 本章小结 >>>

管理者:

- 通过雇用员工来完成工作;
- 必须正确地对待员工，也就是说，要公正合理，并且尊重、体谅员工;
- 必须发挥领导力，激励员工并提高其参与度。

第二章

正确地对待员工

尊重员工
公正合理对待员工
创造适宜的工作氛围
帮助员工提升个人技能
发挥领导力
了解团队成员
明确工作目标并确保完成

正确地对待员工意味着要公正合理并尊重员工，但这并不是说只能温和地对待员工。在公正合理的同时，还必须严格，制定出准则并确保员工照此行事。美国知名管理学专家埃德·劳勒（Ed Lawler）曾写道："正确地对待员工是创造组织效益的关键。"他还指出，正确对待员工的理念是基于这样的事实："组织和个人都需要成功，而二者离开彼此都无法成功（劳勒，2003）。"

正确对待员工的七条准则是：

- 尊重员工；
- 公正合理对待员工；
- 创造适宜的工作氛围；
- 帮助员工提升个人技能；
- 发挥领导力；
- 了解团队成员；
- 明确工作目标并确保完成。

尊重员工

尊重他人就是要认可他人的优点，确保他人感觉自己受到重视，并且体面、谦逊地对待他人，不要轻视、逼迫他人。尊重员工就意味着能够敏锐地认识到员工之间的差异，在与他们打交道时总能充分考虑到这些差异。要做到及时肯定员工的付出，并倾听员工的意见和建议。还要认识到员工产生一定程度的不满情绪是合理的，要及时、充分并富有同情心地做出回应。

公正合理对待员工

公正合理地对待员工需要做到：

- 对他们的观点和实际情况加以适当考虑；
- 对所有相关人员都采用一致的原则和决策方式；
- 对做出的决策提供充分的说明（透明度）；
- 在对待个人或某一类人时避免个人偏见（不偏袒）；
- 确保员工与公司中的其他人一样，根据做出的个人贡献获得合理报酬；
- 务必让员工得到之前被承诺的报酬（信守承诺）；
- 明确员工需要达到的业绩标准；
- 对员工清楚地指出你认为哪些工作没有达到标准，并给员工改进的机会。

创造适宜的工作氛围

员工应该感到他们的工作是有价值的，并且工作应该能够充分发挥他们的技能，尽可能为他们提供自主权，让他们在一定程度上能够掌控自己的行动和决策。

员工也需要得到反馈，了解他们的工作成效如何，最好是他们自己能够从工作中得到这些信息，而不仅是从管理者那里听到反馈。第四章我们将要提到，如果在工作中能够获得反馈，将大大提升员工的内在动机，也就是来自工作本身的动力。而工作体系的设计，也就是工作的组织方式，能够对此造成显著影响。

对工作体系最基本的要求是其能够有效且灵活地运转。管理者必须使整体工作流程和具体工作都能够顺畅进行，并确保人员、材料、厂房、设备和资金等资源都得到有效利用。但是，在设计和管理工作体系时，管理者也需要考虑怎样做才是正确地对待员工。工作体系应该能够使员工的工作具有尽可能大的多样性、挑战性和自主性，以便让员工从中获得成就感。要为员工提供良好的工作环境，包括适宜的工作条件，安全、健康的工作体系，时刻牢记要使压力最小化，在安排工作站和设备分布时充分考虑是否符合人体工程学。

帮助员工提升个人技能

为了自己和公司的利益，你都需要不断提升自己所管理的员工的技能。需要对他们进行指导、培训，并且更重要的是，提供新的工作机会和挑战来给予他们学习与提升技能的空间。在做这些的时候，管理者都要“正确地对待员工”。如果员工能从各自目前的工作中得到更多收获，并获得有益于其未来职业生涯的经验与技能，他们也就掌握了从工作中获得更大成就感的方法。

促进员工发展，要求管理者及时关注何时进行正式培训或岗位培训对某位员工最有帮助。管理者要给员工提供学习新技能的时间和空间。管理者作为指导者的角色尤为重要，每次你给某个员工布置新的任务时，就是在为他创造学习机会。

发挥领导力

领导力也涉及正确地对待员工。给员工指出工作方向并在必要时提供支持，这些都能帮助员工。有效的领导力就是让员工知道要做什么，并指导他们怎么做。

了解团队成员

如果管理者不了解自己团队的成员，他就难以做到正确地对待这些员工。你需要了解员工的优点和缺点，以及员工对工作的期待和顾虑。在管理者和员工间定期召开评估会议的绩效管理体系，有助于管理者了解员工。不过，管理者也应该在日常事务中了解员工。你和员工的接触越多，就会越好地了解员工，躲在自己的办公室或办公桌后往往没什么好处。你必须走出来，和员工交谈。这叫作走动式管理，是与员工建立良好关系的最佳方式之一。

明确工作目标并确保完成

确保员工理解并接受他们工作的绩效和行为的评估标准，就是正确对待员工的方式。你需要向员工清楚地说明工作职责、工作目标及工作方法，而且这些需要得到员工的认可。作为管理者，你不是简单地发号施令，你想要得到的是主动的配合，而不是勉强的服从。

但是你还必须确保达到预想的工作标准。如果没有达到标准，你就需要严格要求。正确地对待员工，不是说要一味地温和对待他们，如果有人无故表现欠佳或者阻碍工作，就一定要奖罚分明地予以处理。

管理者要始终牢记：你必须获得团队成员的尊重。

获得尊重的 10 个途径

- 漂亮地完成工作，以业绩服人；
- 保持专业性，在完成工作的过程中发挥你的专业技能，并始终对自己的行为负责；
- 营造信任感，使员工坚信他们可以依赖你；
- 有人需要信息或帮助时及时回应；
- 态度友善，平易近人；

- 行事坚定、正直，保持诚实、守信、公正、严明；
- 谦逊待人，有理有据，立场坚定；
- 保持冷静，从不发火；
- 倾听员工的意见和建议；
- 真诚地对员工表示感谢。

<<< 思考练习 2.1>>>

尊重员工

如何才能做到尊重员工？

<<< 本章小结 >>>

- 正确地对待员工意味着要公正合理并尊重员工。但这并不是说只能温和地对待员工，在合理的同时也要做到严格。
- 正确对待员工的七条准则是：

—— 公正合理对待员工；

—— 尊重员工；

—— 创造适宜的工作氛围；

—— 帮助员工提升个人技能；

—— 发挥领导力；

—— 了解团队成员；

—— 明确工作目标并确保完成。

第三章

领导力

领导者要怎样做
领导风格
怎样成为优秀的领导者
成功的领导者是怎么做的
领导力的现状
领导力检查清单

作为员工的管理者，你的职责就是要确保团队中的成员都全力以赴去实现你希望达到的目标。换句话说，你是领导者，你就要指明前进的方向，还要确保员工紧紧跟随着你。

确立并传达关于未来的愿景，激励并带领员工前进及确保员工参与的过程就是领导。领导者要清楚他们自己要实现的目标，并确保团队中的每个成员都在朝正确的方向前进。

玛格丽特·撒切尔（Margaret Thatcher）曾经提出，领导力就是告诉人们要做什么，然后让他们这样做。这种比较专制的领导方式在撒切尔的鼎盛时期可能完全适用，但到最后就不管用了——人们并不喜欢被胁迫做事。最好能够让人们把领导者看作带领他们实现自己目标的人，同时，杰出的领导者能够带领人们实现他们不一定想要，但实际上应该实现的目标。

要想成为一个高效的领导者，你应该：

- 知道领导者要怎样做；
- 意识到领导力可以表现出不同的风格；
- 理解成为一个优秀领导者所需的品质；
- 向具有代表性的高效领导者学习；

- 了解领导力的现实情况；
- 知道如何最大限度地发挥你的领导能力。

领导者要怎样做

有关领导者要怎样做的问题，最令人信服的分析是由约翰·阿代尔（John Adair，1973）提出的。他解释了领导者应承担的如下三项重要职责。

- 明确任务——清楚地说明团队需要做什么。
- 实现目标——这是团队存在的目的。领导者要确保团队的目标得以实现，如果目标没能实现，就会导致挫败感、团队不和或互相批评，也许最终造成团队的瓦解。
- 维系有效的关系——不仅是领导者和团队成员的关系，还有团队成员相互间的关系。如果团队成员都积极为实现目标做出贡献，这就是有效的关系。有效的关系既可以与团队整体、团队士气及共同目标有关，也可以与个体及如何激励个体有关。

阿代尔认为，领导者必须满足三类需要，对领导者的要求也由此得到完美的体现。这三类需要是：任务需要，即把工作完成；个体需要，即让个人的需要与任务和团队的需要协调一致；团队维系需要，即建立并维护团队精神。如图 3-1 所示，阿代尔用三个相互交错的圆圈来表示这些需要。

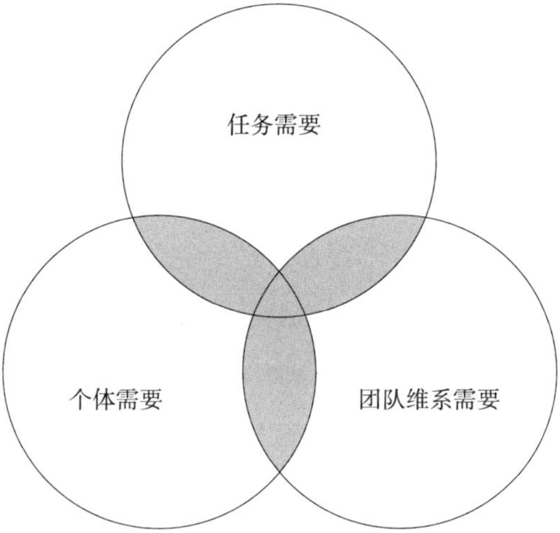

图 3–1 约翰·阿代尔模型：领导者要怎样做

这个模型显示出任务、个体和团队的需要是相互依存的。满足任务的需要也能够满足个体和团队的需要。但是，如果不对个体和团队的需要给予足够重视，任务的需要也无法得到满足。同时，照顾到个体需要，会有助于满足团队需要，反过来也是如此。如果领导者过于以任务为导向，就会忽视个体和集体或团队的需要。而员工导向的领导者，如果过于关注满足个体和团队的需要，反而容易忽视任务的需要，这同样也是危险的。最优秀的领导者能够根据实际情况使这三类需要都得到满足并达到平衡。

领导风格

领导风格是指领导者发挥其领导力的方式，有时也叫作管理风格。领导力可以有多种风格，而领导者或多或少都会采用图 3–2 列出的某一种领导风格。

但是我们需要明确的是，任何一种领导风格都不会适用于所有的情况。而且，在图 3–2 中展示的几种领导风格之间还可能存在很多中间地带。事实上，并不存在所谓最完美的领导风格，一切需要依情况来定。至于究竟哪种类型的领导风格最合适，影响因素包括组织的类型、任务的特点、领导者团队中每个个体的性格特征、团队整体特征及领导者本人的个性，最后这一点非常重要。

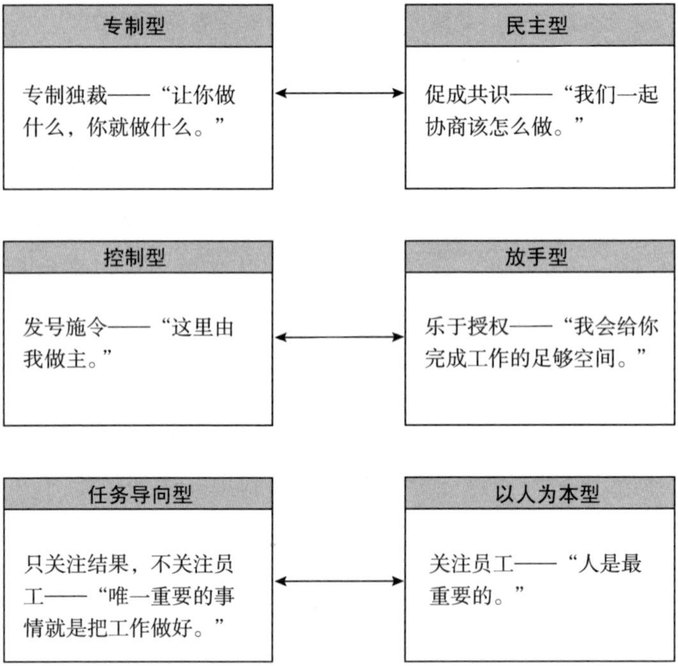

图 3–2　领导风格

高效的领导者能够根据具体情况的需要调整他们的领导风格。平时是民主型的领导者在面临危机时，可能需要转变为更偏指令型的模式，但同时会向员工清楚地解释他们在做什么，以及为什么这样做。糟糕的领导者会随意改变领导风格，以致团队成员困惑不解，不知道接下来会发生什么。

优秀的领导者在面对团队成员时，也会根据每个成员的性格特征调整领导风格。有些员工需要比其他人得到更多积极的引导；而有些员工，如果能参与上司的决策过程，则会表现更好。但是，领导风格的灵活调整也应该有个限度，对待团队成员过于因人而异或使领导方式前后不一也是不明智的。

怎样成为优秀的领导者

怎样才能成为一名优秀的领导者？对于这个问题并没有放之四海而皆准的答案，但是在公元前 6 世纪，中国的哲人老子曾对此做出了很好的表述：

> 太上，不知有之；其次，亲而誉之；其次，畏之；其次，侮之。信不足焉，有不信焉。悠兮，其贵言。功成事遂，百姓皆谓“我自然”。

高效的领导者信心十足，非常清楚需要怎么做。他们有能力掌控大局，向团队传达他们的愿景，促使团队成员行动起来，并且确保他们实现预先商定的目标。这样的领导者值得下属信赖，能够有效地影响员工，并获得团队的尊重。他们清楚地知道自己的优势和劣势都是什么，善于发现适合团队成员的激励方式。他们能认识到让员工提出建议和参与决策过程的好处，能够根据不同员工和不同情况的需要，灵活地从一种领导风格转换到另一种领导风格。

管理者或领导者需要掌握的一项重要技能是，审时度势并在情势不明时理清头绪，建立秩序。领导者需要具有目标感，能够影响他人，分析形势，传达他们的观点，并且往往是在面临反对意见的情况下做到这些。

英国非营利组织工作基金会（Work Foundation）曾做过一项研究［塔姆金（Tamkin）等，2010］，通过对来自 6 家知名企业的 77 位商界领导者进行了 260 次深度访谈，发现杰出的领导者有如下特点：

- 把事物作为整体对待，而不是划分成零散的部分；
- 在目标感的指导下，把事物零散的部分结合在一起考虑；
- 非常乐于把事情做到最好，并且关注公司的成果、愿景和目标；
- 明白仅靠自己无法创造业绩，善于运用他们对他人的影响力来达成目标；
- 时常进行自省，始终通过发挥领导作用及与他人合作来获得最佳成果。

成功的领导者是怎么做的

以下举三个例子来说明。

赫布·凯莱赫——美国西南航空公司 CEO

美国西南航空公司通常被认为是全球最为成功的航空公司。在创始人赫布·凯莱赫（Herb Kelleher）的领导下，美国西南航空公司在其成立后的前 32 年中，几乎每年都保持着 10%~15% 的稳定增长率。赫布·凯莱赫被《财富》杂志称为“可能是美国最优秀的 CEO（首席执行官）”。

作为领导者，赫布·凯莱赫始终致力于在目标一致、知识共享及相互尊重基础上与员工建立关系。他坚信，工作是凭借良好的信誉和他人的支持才能够完成的。

这种信誉和支持源于领导者把员工当作独立的个体来对待，而不只是把他们当作达成工作目标的一种资源。赫布·凯莱赫把这一理念进一步阐释如下：

- 把组织看作金字塔；
- 把它倒过来，塔尖朝下——现在位于底部的是总部的管理者，而位于顶部的是工作在一线的员工；
- 一线员工才是完成工作的人，而不是管理者。

比尔·乔治——美国美敦力公司董事长兼 CEO

在比尔·乔治（Bill George）领导下的12年间，美敦力（Medtronic）这家生物医疗工程公司的市值以每年 35% 的速度从 11 亿美元增长到 600 亿美元。

比尔·乔治把这一成就归功于他称为“真诚领导力”（authentic leadership）的做法，对此他的解释如下：

- 真诚的领导者发自内心地想要运用领导力来为他人服务；
- 比起自己拥有权力、金钱或威望，真诚的领导者更乐于给手下的员工提供发挥空间，让他们创造性地完成工作；
- 真诚的领导者的领导行为具有明确的目标、意义和价值；
- 真诚的领导者与员工建立持久的关系；
- 员工追随真诚的领导者是因为了解他们的立场；
- 真诚的领导者坚持一贯的作风，且自我约束力强。

杰克·韦尔奇——美国通用电气公司总裁

杰克·韦尔奇（Jack Welch）曾为领导者提出如下建议：

- 成功在于帮助他人成长；
- 让为你工作的员工变得更聪明、更重要、更敢干；
- 你个人所做的事微不足道，而你如何培养、支持你的团队并提升他们的自信心才重要；
- 作为一个领导者，你的成功不会源于你做了什么，而是来自你的团队为你带来的荣耀。

领导力的现状

很多直线经理（line manager）之所以被委任或提升到这个位子，可能是因为他们需要承担管理或监督责任，而不是认可他们具备领导技能——这就是领导力的现状。他们也认为自己的职责就是告诉员工要做什么工作，并确保员工做了这些工作。所以，他们可能只关注任务的完成而不理会其他。

然而，更优秀的领导者会依靠他们的专业技能（专业才能获得权威）、自信心及冷静的分析能力来处理面对的问题。任何新任领导者或正待被提拔到更高领导层的人都能够从领导力发展培训中受益，这些培训将帮助他们理解自身所需要具备的技能并运用到工作实践中。

领导力检查清单

关于工作任务

- 需要做哪些工作，为什么要做？
- 必须实现哪些目标，在什么时间实现？
- 要解决的问题有哪些？
- 解决这些问题的难度有多大？
- 是否存在危机情况？
- 为了解决危机，现在需要怎么做？
- 应该优先做哪些事？

- 可能会遇到哪些压力？

关于员工

- 他们的优点和缺点各有哪些？
- 哪些方式能够最好地激励他们？
- 他们擅长完成哪些工作任务？
- 他们有没有通过发展新技能来提升灵活性的潜力？
- 他们在实现工作目标和业绩标准时的表现如何？
- 他们在多大程度上能够管理自我表现和职业发展？
- 他们是否需要在某些领域提升技能或能力？
- 我该如何为他们提供支持和引导，改善他们的表现？

关于团队

- 这个团队的整体架构组织得如何？
- 这个团队的内部合作如何？
- 如何能够达成对团队的激励和承诺？
- 这个团队擅长和不擅长做什么？
- 我该如何提升整个团队的表现？
- 团队成员是否具有灵活性，能够开展不同的工作？
- 这个团队自我管理的能力如何？
- 是否能给予这个团队空间，让其在制定标准、监督绩效和及时纠错上承担更大的责任？
- 能否鼓励团队通过协作来找到提升工作绩效的方法？

提升领导技能的 10 步计划

- 理解领导力意味着什么。
- 了解可采用的不同领导风格。
- 确定你自己的基本领导风格是什么。
- 听取其他员工、同事，尤其是你的团队成员的意见，他们认为你的领导风格是什么，是否有效。
- 在分析这些信息的基础上，考虑你需要怎么做及能怎么做来改变你的领导风格，同时注意还要保持你的个人风格。也就是说，你的领导风格仍然要符合你的个人特点。
- 想一想你作为一名领导者会面对的典型情况和问题。你的领导风格，经过必要的改变后，是否适合所有团队成员？如何答案是否定的，你能不能想出一些情境，应用另一种领导风格会更好？如果有，想一想那时你需要怎么做才能灵活调整你的领导风格，同时对你的团队来说又不会显得前后不一。
- 查看对于优秀领导者需要具备的品质的各种解释，利用下面这个问卷来评估你自己的表现，从而决定你需要怎么做及能够怎么做来弥补你的劣势。
- 回想或观察你为之工作或共事过的领导者是怎么做的。
- 利用下面的领导技能问卷来评估他们作为领导者的表现。
- 想一想你能从他们身上学到哪些关于领导行为的经验和教训。根据这些信息，进一步考虑你在哪些方面可以改进自己的领导行为。

<<< 思考练习 3.1>>>

评估你的领导技能

完成以下问卷，评估自己的领导技能。你应该尽可能诚实地填写问卷。注意你的优缺点各有哪些，然后思考你如何才能发挥优势，弥补不足。

这个问卷也可以给你的团队成员，让他们对你进行评估，虽然这很有意义，但也需要你具有足够的勇气和决心。你也可以用这个问卷来评估你的上司，但要确保你的上司能够以建设性的眼光看待这份问卷。

请圈出最符合你观点的数字。

领导行为	非常同意	同意	不同意	非常不同意
明确告知员工工作内容及目标	4	3	2	1
始终获得良好的工作成果	4	3	2	1
鼓励员工发挥主观能动性	4	3	2	1
给员工足够的空间来完成工作	4	3	2	1
给予员工圆满完成工作所需要的指导、训练和支持	4	3	2	1
定期对员工的表现给予反馈	4	3	2	1
重视团队成员的意见	4	3	2	1
认可团队整体及成员个体取得的成就	4	3	2	1
尊重员工	4	3	2	1
公正合理地对待员工	4	3	2	1

<<< 本章小结 >>>

- 确立并传达关于未来的愿景，激励并带领员工前进及确保员工参与的过程就是领导。
- 领导者的三项重要职责是明确任务，实现目标及维系有效关系，包括领导者与团队成员的关系及团队成员之间的关系。
- 领导风格就是领导者发挥领导力的方式。领导风格的主要类型有：专制型或民主型，控制型或放手型，任务导向型或以人为本型。
- 高效的领导者信心十足，清楚该怎么做。他们有能力掌控大局，向团队传达他们的愿景，促使团队成员行动起来，并且确保他们达成预先商定的目标。

第四章

激励员工

动机的定义
动机形成的过程
动机的类型
动机理论
动机理论的关键信息
激励的方式

激励员工就是促使员工向你设定的方向前进的过程，因此激励能力也是领导力的一部分。具体而言，激励是指促使员工付诸行动，并确保他们为了实现预期目标而不断努力。

虽然企业的奖励政策和措施（比如绩效工资这类奖励）有助于激励员工，但管理者仍然需要在这方面发挥主要作用，利用激励技巧，使员工全力以赴。你不能依靠公司帮你做到这一点。作为每天和员工面对面相处的人，你最能激发他们的积极性。

记住，员工往往能够自主选择如何开展工作及付出多少努力，这有时被称为“自发努力”（discretionary effort）。对这一点的不同选择，会产生勉强敷衍和卓越精湛之间的差别。作为激励者，你的职责就是最大限度地获得团队成员的自发努力。

遗憾的是，人们对于激励手段如何发挥作用的理解往往过于简化。激励的过程比很多人认为的要复杂得多，只有在正确理解动机包含哪些因素的基础上，才能最好地发挥激励手段的作用。

因此本章将：

- 定义什么是动机；
- 解释动机形成的过程；

- 描述两种类型的动机——内在动机和外在动机；
- 深入探讨各种用于解释和放大动机形成基本过程的动机理论；
- 检视这些动机理论的现实意义。

以下内容基于大量为动机理论发展提供基础的实践研究。但别被“理论”这个词干扰，有一句话说得好：“没有什么能比一种成熟的理论更实用的了。”这句话的意思是说，基于某一领域（如组织内部）的广泛研究得出的理论——比如那些本章后面将要探讨的与目标和预期有关的理论——能够揭示出哪些方法最有效，以及如何将其应用于实际工作中。

动机的定义

动机就是做一件事的原因，它与影响人们以特定方式行动的因素有关。动机的三个组成部分为：

- 方向——一个人要做什么；
- 努力——一个人做事有多投入；
- 坚持——一个人持续做了多久。

动机可以被描述成目标导向的行为。干劲十足的人都有清晰的目标，并且采取了他们认为能够实现这些目标的行动。这样的员工往往主动性强，只要他们是在朝着正确的方向前进，去实现他们应该实现的目标，那这就是动机的最佳表现形式。但你不能期待所有人都这样主动，大部分员工都或多或少需要得到激励。

动机形成的过程

在人们有意无意地发现自己未被满足的需要时，就会引发动机。随后，人们会建立起能够满足这一需要的目标，然后决定实现这个目标需要做出哪些行动。如果目标实现，需要也得到了满足，那么，下一次再出现类似需要的时候，人们很可能就会重复这些行为。如果目标没有实现，那人们下次就不太可能重复相同的行为。这个过程正如图 4–1 所示。

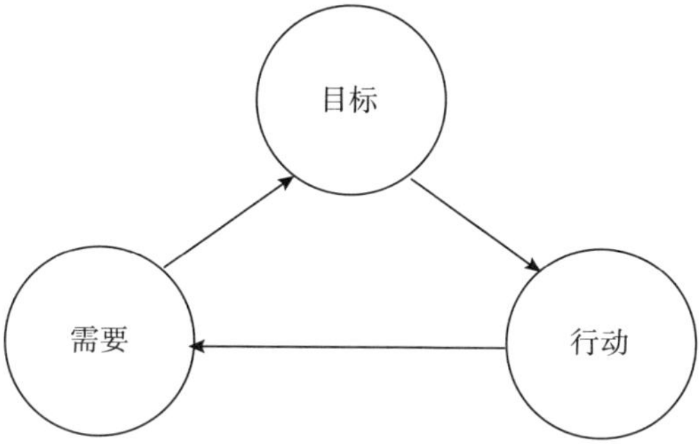

图 4–1　动机形成的过程

这个模型显示了动机形成的过程，它包括制定能够满足个体需要的目标，以及对实现这些目标所需要的行为加以激励。但是，要记住关于动机的两个基本事实。第一，这些需要、目标和行动都具有多样性，因人而异，因情况而异。认定某一种激励措施对所有人都有吸引力并不是明智之举，激励政策和措施必须认识到人是不同的。第二，虽然我们能观察到员工的行为，即他们采取的行动，但我们无法确定是什么样的动机促使他们做出这些行为，或者说哪些需要和目标影响了他们的行动。这些因素意味着，用绩效工资之类过于简化的方式来提升工作积极性，往往难以达到预期效果。

动机的类型

动机有两种类型：内在动机和外在动机。

内在动机

当员工在做的工作能使其获得自我满足时，他就会产生内在动机，也就是工作本身产生的动机。这说明开展这项工作本身就是一种有意义的活动，而不仅是为了获得外部奖励。使工作让人获得内在满足感的因素包括：具有趣味性和挑战性，提升责任感（感到这项工作很重要并且能够掌控自己手里的资源），有自主性（行动的自由），有发挥空间，能提升技巧和能力，以及有进步的机会。

外在动机

外在动机也就是为激励员工而采取的手段，包括财务激励、认同（表扬）和晋升。像纪律处分、扣工资或口头批评这类惩罚手段也可以被视为外部激励措施，但这些都是消极手段，长期来看，即使能发挥作用，效果也非常有限。

外部激励措施立竿见影，效果显著，但不一定能持续很久。而内在激励措施与“工作生活质量”有关，则可能发挥更深入、更持久的影响力。这是因为内在动机是来自工作本身和工作环境的，而不是外界施加的。管理者可以对工作环境产生相当大的影响力，使之成为有效的激励工具。包括丹尼尔·平克（Daniel Pink）在内的一些评论家声称，只有内在动机是有效的，而像财务激励等外部激励措施从来都没用。虽然内部动机至关重要，但是，认为财务激励完全没用也是过于绝对的论断。这类外部激励方式，如果遇到适合的工作或员工并予以恰当设计和管理，也是有效的。同时，认可员工取得的业绩也可以是一种强有力的激励方式。

动机理论

以上所述的动机形成过程基于大量试图详细解释这一过程的动机理论而得出，这些理论近年来发展迅速。其中一些理论虽然已经被摒弃了，但有些仍然为管理者所信奉，比如简单粗暴的“胡萝卜加大棒”的激励方式，这种理论认为只有将奖励和惩罚结合起来才能激励员工工作。以下对这种“胡萝卜加大棒”的激励方式的有力抨击来自丹尼尔·平克的畅销书《驱动力》（*Drive*）（2011）。

丹尼尔·平克："胡萝卜加大棒"激励方式错在哪

"胡萝卜加大棒"方法的核心是两种简单而朴素的理念：

- 奖励一种行为会让你多做这种行为；
- 惩罚一种行为会让你少做这种行为。

"胡萝卜加大棒"方式的结果将与预期实现的目标恰恰相反。本来设计用于提高积极性的方法却会降低积极性，用于激发创造力的手段却会抑制创造力，目的在于促进良好行为的计划却使那些行为消失。此外，奖励和惩罚不仅不能抑制消极行为，反而常常引发消极行为，并导致欺诈、对奖励上瘾和极其短视的思考方式。

其他一些理论，比如马斯洛（Maslow）和赫茨伯格（Herzberg）提出的理论，已不再受到高度重视，因为实地调研的结果不支持这些理论（马斯洛，1954），或者实地调研显示其有缺陷（赫茨伯格，1966）。不过，马斯洛确实贡献出了"人是有欲望的动物"及"已经得到满足的欲望就不再有激励作用"这些深刻的理论。赫茨伯格则令人信服地提出，外在动机尤其是金钱是一种"保健因素"，不仅不能提供长期的满足感，一旦组织处理不当还可能导致不满情绪。他也指出，反过来，内在动机（也就是"工作本身提供的动机"）是个"满足因素"，能够给工作表现带来长期的积极影响。这两位及该领域的其他作者对能够激励员工的各种需要进行了分类，比如成就感、责任感、自主权和成长空间等。

对从业者来说，最重要的两个动机理论是目标理论和期望理论。

目标理论

目标理论认为：当组织给员工设定了明确的目标时，当目标具有难度且员工同意接受时，当个人表现获得了反馈时，员工的动机和业绩都会有所提升。要想让员工同意设定更高的目标，重要的手段之一就是让员工参与目标设定的过程。有难度的目标必须获得员工同意，并且管理者要提供指导和建议来支持员工达成业绩。只要得到员工同意，设定高难度的目标会比低难度的目标带来更好的业绩。最后，及时反馈对员工保持动机起着至关重要的作用，尤其在实现更高的目标时。

期望理论

期望理论认为，当员工表现和工作结果之间存在清晰可辨且真实高效的关系，同时工作结果被看作满足需要的一种手段时，员工就会得到激励。换句话说，员工需要清楚他们为之奋斗的目标是什么，相信他们有能力实现这些目标，了解实现目标后能够获得的回报，并且认为这些回报值得他们付出努力。

期望理论解释了为什么外部财务激励措施（比如各种奖励或分红计划）只有努力与回报存在明确关系且回报具有足够吸引力时才会起作用。除此之外，期望理论也解释了为什么工作本身产生的内在动机比外在动机更有效。因为对于个人来说，内在动机的成果更加可控，人们可以更多地依赖以往的经验，判断出他们的行为在多大程度上能够带来积极的或有利的结果。

期望理论被波特（Porter）和劳勒发展成一个理论模型，用来说明员工在工作中付出的努力由两个因素决定：第一个因素是，对个人来说，奖励的价值是否能够满足个人对安全、社会评价、自主性和成长空间的需要；第二个因素是，奖励与付出的努力是否成正比，是否与个人的感知一致，换句话说就是是否符合员工对努力和奖励之间关系的期望（波特和劳勒，1968）。这就意味着，一系列奖励措施的价值越高，获得奖励与付出努力的关系越紧密，员工在特定情形下付出的努力就越大。

但是仅仅有努力是不够的，要想获得预期的效果，这种努力还必须是有效的。影响努力能否获得预期效果的两个额外因素是能力和角色认知。

- 能力——智商、技能和专业知识等个人素质；
- 角色认知——个人想要做什么或者认为应该做什么。当个人观念与组织预期一致时，角色认知就没问题；而当个人与组织的观点不一致时，角色认知就会出现偏差。

结合了这些因素的期望理论模型如图 4–2 所示。

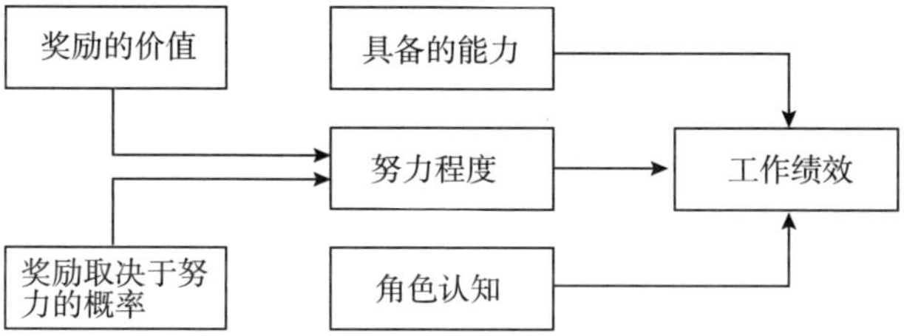

图 4–2　动机期望理论模型（波特和劳勒）

动机理论的关键信息

动机理论提供的关键信息可以被归纳为如下五个方面。

外部和内部激励因素

对于吸引和留住员工，由雇主提供的外部奖励（包括报酬）非常重要，这种奖励能在有限期间内促使员工更加努力地工作并减少不满。内部奖励与责任感、成就感和工作本身有关，能对员工的动机产生长期的且更深刻的影响。

需要和欲望的意义

如果员工的工作经验能够满足他们的社会、心理及经济需要，员工就会更有动力工作。

目标的作用

明确的目标能够激励员工。当员工努力实现他们已接受的有难度的目标并试图得到对其工作表现的反馈时，他们就会表现得更出色。

期望的重要性

员工获得多大程度的激励不仅依赖于他们能实现的价值（目标或奖励），还依赖于他们认为实现这些价值的可能性有多大，也就是他们的期望。如果员工能够掌控实现目标的方式，他们就会具有高度的积极性。

职位设计的重要性

职位设计就是决定与工作职责有关的工作任务，以及应该如何开展这些工作的过程。流水线上的职位可能没有多少变化余地，但对于其他职位，会有产生非经济动机的空间，尤其是通过如本章探讨的给员工提供更大自主权的方式。

激励的方式

结合动机理论，你能用来激励员工的手段可以分为以下三项：

- 重视员工；
- 用经济回报激励员工；
- 采用各种各样的非经济激励手段。

重视员工

员工如果感到被重视，他们工作起来就会更有动力。这意味着管理者要协助员工取得成功，信任并授权给员工，让员工有机会参与他们关心的事务，保障员工的知情权，公正合理地对待员工，把员工作为“人”而非为了管理者的利益可随意利用的“资源”来对待，并且要认可员工做出的贡献。

经济方面的激励手段

以工资或其他报酬的形式给予金钱，是最明显的激励手段。然而，赫茨伯格对金钱作为激励手段的有效性提出了质疑。他认为，虽然缺乏报酬会导致员工不满，但是给予报酬也不能为员工提供持续的满足感。这种质疑有道理，尤其是对于领固定工资或那些收入不与物质奖励方案挂钩的员工。员工可能会因为涨工资而感到高兴，因为除了多拿钱之外，这还是一种有形的褒奖形式，它是让员工感到受重视的有效手段。但这种精神上的愉快感很快就会消散。当员工不再能从工作本身得到他们需要的满足感时，赫茨伯格提出的包括工作条件和管理者素质等“保健因素”所造成的不满就会在一些员工心中扩散。不过，必须再次强调，不同的员工有不同的需求和欲望，用金钱激励某些员工会比其他人更有效。管理者要避免的成见是：金钱能以同样的方式对所有人形成相同程度的激励。因此，管理者要是认为只要引入绩效工资计划，就能奇迹般地在一夜之间把所有人都变成主动自觉、表现极佳的员工，那就太天真了。

尽管如此，金钱仍然可以作为达到多种目的的手段。金钱是一种有力的工具，因为它直接或间接地与多种需要的满足相关。如果能定期获得金钱，显然能够满足员工对于生存和安全的基本需要。金钱还能满足自尊（金钱是受到认可的一种可见标杆）和身份地位的需要，钱多钱少能够把你和你的亲友区别开来，能让你购买他们买不起的东西，从而产生优越感。金钱能满足人们不那么光彩但普遍具有的贪婪和占有欲。

金钱本质上并没有内在意义，但是因为它象征着很多无形的好处，所以能起到显著的激励作用。金钱对不同的人具有不同的象征意义，对同一个人在不同时期具有的意义也不同。人们找工作时，收入往往是首要的考虑因素，涨工资也是让员工安心工作的有效手段。

但是，经济上的刺激真的能够激励员工吗？对于那些强烈受到金钱驱使并且期待自己的付出获得相应经济回报的员工来说，答案是肯定的。金钱能够激励员工，不仅因为人们需要钱，还因为金钱是一种表现认可的货真价实的方式。然而，不那么自信的员工面对他们不奢望获得的奖励可能毫无反应。还有人提出，外在报酬可能损害内在兴趣。只为了钱而工作的人可能会感到工作毫无乐趣，因此反而做不好工作。我们可以肯定的是，要想提升员工的工作表现，需要考虑多种因素，金钱只是其中一种。

可是，报酬体系如果设计和实施得很糟糕，则会使员工失去工作积极性。这一领域的另一位研究者埃利奥特·雅克（Eliot

Jaques）强调，报酬体系需要使员工感到公平、合理（雅克，1961）。换句话说，报酬多少应该与员工努力程度或承担的责任的大小挂钩，员工之间不应出现同工不同酬的现象。雅克把这称为“公平性感受”（felt-fair）原则。

非经济激励手段

从员工管理者的角度来看，金钱不仅作为激励手段不可靠，而且能否成为一种激励手段往往都不是管理者能控制的。在英国的很多公共组织和慈善团体的工资体系中，工资级数与工作年限有关，而不是与工作表现有关，而且员工的直线经理对于员工工资涨幅只起很小的作用或根本不起作用。即使员工工资与工作绩效有关，直线经理也必须依据组织采用的工资体系行事。直接上司评估员工表现的作用非常有限，而能争取到的工资涨幅被管理层牢牢控制，往往小到不足以成为一种激励方式。但直线经理更能掌控非经济奖励，包括上面提到的内在激励措施，它们能对员工的动机产生长期的影响。主要的非经济激励手段有给员工认可、成就感、责任感、自主权及个人成长和发展的机会。

认可

认可是激励员工最有效的手段之一。员工不仅需要知道他们的工作开展得怎么样或者目标实现得怎么样，还需要知道他们的成就是否受到了赏识。

作为管理者，你对员工取得的成果给予及时、积极的反馈就是一种认可。只要简单地对员工表示感谢，并说明你为什么感到满意就足够了。当你听取员工的建议并根据这些建议做出行动时，也是对员工的认可。其他能够让员工感到被认可的方式还有：给员工分配更高等级的项目，扩大工作范围并为员工提供更有意思、回报更大的工作选择，推荐员工升职。

当众“表扬”，让所有人都知道有人做出了成绩，也是一种表示认可的方式。但这种方式一定要谨慎使用。认可某个人隐含了其他人没有得到认可的意味，而区分获胜者和失败者可能造成的后果需要小心控制。

英国的很多公司都有对员工表示认可的正式奖励方案，管理者可以灵活使用，包括以有形的方式对员工（更重要的是，还可以惠及其配偶）进行奖励——给予礼物、代金券、休假或国内外旅行、健康水疗、外出就餐的机会等。对于整个团队的奖励形式可以是郊游、派对和聚餐。管理者可以从预算中为员工个人和团队拨出小额的奖金表示认可，也可以挑选员工给予较大金额的奖励。

在你使用“认可”这种方式时需要留意如下几点：

- 应该被用于特别有价值的行为、杰出的工作及特殊的成绩；
- 重点在于重视员工本人，认可应该是个性化的，这样员工才能心怀感激；
- 实施时需要对所有团队成员公正、合理并前后一致；
- 必须是有诚意的，而不是像机械化的激励工具；
- 应该在员工获得成就后及时给予认可；

- 应该让所有人都可能获得认可；
- 应该让付出共同努力的团队整体也有机会获得认可，而不只是员工个人，以避免制造出孤立的获胜者。

成就感

除了因为取得业绩而获得的认可，如果员工实现工作目标对他自身也有益，那么这对员工来说也是一种奖励和激励。比如，大学里的研究人员，除了想要对提升学院的研究排名做出突出贡献外，也希望能提高个人的声誉。

如果成就动机强烈，人们就会自觉付诸行动。当员工能够掌控所处的形势或关系，主导事件的方向，创造并抓住机会，享受挑战，对新情况和新关系能积极迅速地做出反应并总体上“推动工作进展”时，他就会自觉自愿行动起来。被成就需要驱动的员工更可能主动出击，寻找机会并坚持获得认可。作为管理者，你可以通过确保员工知道他们要实现的目标，给予员工表现的机会，为员工提供实现目标所需的支持和指导，以及认可员工的工作成果来建立员工的成就动机。

责任感和自主权

管理者如果给予员工对其工作更大的责任和自主权，让员工感到能够自己做决定，不必事事请示领导，也会使其更有动力去工作。这也符合内在动机的概念。根据工作性质的不同，能设计或重新设计岗位职责的空间也不同。不过在第九章中，我们将探讨在什么情况下值得这样做，以及该怎样做。

自我发展的机会

大多数员工希望获得成长，得到更好更有趣的工作，并通过升职或扩大工作范围来提升个人职业成就。管理者可以把这种需要作为一种激励措施，为员工提供学习、发展的机会，在充分利用组织内部资源的同时给予员工额外的责任，让员工在你的指导和支持下获得更多经验。

高效激励员工的 10 个步骤

- 与员工共同制定要求高但可实现的目标；
- 使员工建立起其行为和成果能够获得相应回报的期望；
- 对员工的表现给予反馈；
- 设计职位，使其让员工具有成就感，表现出员工的能力并自主做出决定；
- 充分利用组织的奖励体系，为员工提供适当的经济激励措施；
- 对于出色完成工作的员工给予认可和表彰；
- 向团队及其成员告知工作绩效和奖励之间的关系，从而提升员工的期望；
- 发挥有效的领导力；
- 指导和培训员工，让员工获得提高绩效所需要的知识和技能，并得到相应回报；
- 为员工提供学习和进一步发展的机会，以便他们提升其职业生涯。

<<< 思考练习 4.1>>>

关于动机你了解多少

选出以下多选题中你认为最佳的答案，来测试你在动机方面的知识。每个选项可能都有优缺点，你要选出你认为总体来说最合适的那个。

1. 动机是：

（a）个人具有的目标；

（b）个人选择目标的方式；

（c）其他人试图改变行为的方式；

（d）行为的强度和方向。

2. 内在动机：

（a）是工作本身产生的动机；

（b）是由内在因素（比如性格）导致的；

（c）与外在动机相比，总是更有效；

（d）是绩效奖励政策的结果。

3. 外在动机：

（a）对员工表现具有立竿见影的、显著的、长期的影响；

（b）产生于为激励员工而给予奖励时；

（c）是绩效工资带来的；

（d）产生于有效的领导力。

4. 在激励过程中，确定一种需要及满足需要的手段之后，下一步是什么？

（a）工作绩效；

（b）目标导向的行为；

（c）奖励或处罚；

（d）对需要进行重新评估。

5. 目标理论的关键信息是：

（a）员工只有同意其工作目标才有动力工作；

（b）只有给员工设定有挑战性的目标才能有效激励他们；

（c）实现目标本身就是提供高效激励的方式；

（d）对员工表现给予反馈是激励员工的最佳方式。

6. 期望理论：

（a）认为当员工预期其行为能够获得相应回报时就会具有主动性；

（b）为评估绩效工资体系的有效性提供了有价值的依据；

（c）认为员工期待自己的贡献获得经济上的奖励；

（d）认为员工的预期会决定他们主动的程度。

7. 金钱：

（a）是激励的最有效手段；

（b）作为一种激励手段，对某些员工比其他员工更有效；

（c）不是一种令人满意的激励措施，因为其效果无法持久；

（d）只有在公平分配时才是一项有效的激励措施。

8. 激励员工的最佳方式是：

（a）设计出让员工获得内在满足感的工作；

（b）奖励优秀的工作表现，惩罚不佳的工作表现；

（c）适当结合经济和非经济激励措施；

（d）为员工制定高要求（需要费力才能达到）的目标。

<<< 本章小结 >>>

- 激励员工就是促使员工向你设定的方向前进的过程。
- 动机就是做一件事的原因，它与影响人们以特定方式行动的因素有关。
- 人们识别出未被满足的需要时就会引发动机。随后，人们会建立起能够满足这一需要的目标，然后决定实现这个目标需要做出哪些行动。
- 动机有两种类型：内在动机和外在动机。
- 员工感到受重视时就会获得激励，这一点通过经济和非经济激励措施都能实现。

第五章

提高参与度

参与度的驱动力
管理者该怎么做

“参与度”这个词直到近年来才受到关注。有时，它被非常随意地用作一个宽泛的概念，囊括了组织对员工在工作表现、做更多工作的意愿和对组织的认同感等方面的几乎所有评价标准。更准确地说，高参与度被定义为当工作中的员工对他们的工作感兴趣，怀有积极甚至是兴奋情绪时的表现。有高参与度的员工随时准备通过额外的“自发努力”把他们的能力发挥到极致，完成比其工作职责所要求的还要多的任务。

参与度的驱动力

如果员工的工作具有意义，能有效发挥他们的技能，并且员工有行使选择权的自由，那么这份工作就能最大限度提升员工的参与度。这时，员工会感到工作是他们个人的一个重要组成部分。当员工得到上司的支持、认可和提拔，并对与其有关的事物具有发言权时，他们也会更乐于参与其中。美国服装直邮公司兰斯恩得（Lands’ End）相信，只有在工作中找到乐趣，获得支持和发展并感到满足与尊重的员工，才能为顾客提供最佳的服务。

案例研究

西班牙电信（Telefónica）公司英国移动业务运营商 O2

摘自《吸引成功：通过员工参与度提升工作表现》（*Engaging for Success: Enhancing performance through employee engagement*）[麦克劳德（MacLeod）与克拉克（Clarke），2009]，

O2 公司的以下七条“员工承诺”体现了其创造最佳员工体验的信念。

- 公司承诺为所有新加入的员工提供热情的迎接仪式、完整的就职程序和欢迎日安排。
- 给员工提供职业发展机会。每个人都会和直属上司一起制订出个人职业发展计划，并至少一年两次共同讨论职业目标。员工可以申请适合自己的学习方案，或者利用网络学院提供的大量科目培训来学习新技能。
- O2 公司希望创造出一个员工信任直线经理和高级管理人员的工作场所。公司为提高管理者的领导技能投入不菲的资金，并保证员工可以随时向上司求助。
- O2 公司相信员工能出色地完成工作，鼓励员工在各种不同的场合提出新的工作方法，这些场合包括顾问讨论会、管理层讨论会、不分等级的会议，以及一个叫作“点燃”（Ignite）的在线系统，这个系统可以让顾问了解客户的见解并分享他们的想法。
- O2 公司希望自己成为一个工作的好地方。在当前的经济形势下，

公司甚至比以前更加关注员工体验，通过引入新的弹性福利体系和繁华商业街商户的大幅度折扣来提高员工的总体薪酬。O2 与一家名为“维莱福”（Vielife）的在线健康服务公司合作，帮助员工管理睡眠、营养、压力和体育活动等问题。O2 公司还有个秘密部门，24 小时免费为员工提供福利、借债、住房和其他经济事务的建议。

- O2 公司的员工应该感到自己是某个独特团体的一员。比如，公司鼓励员工志愿参与慈善事务，也可能为员工选择的项目提供带薪外出时间。员工可以在“你的社区”计划下，申请奖金或推荐朋友和家庭成员参与，这个计划为全英国的社区项目提供高达 1000 英镑的补助。
- O2 公司对员工能出色地完成工作表示感谢，并对员工的工作给予表彰和认可。新近启动的奖励计划会特别表彰杰出的个人和团队对公司的战略目标做出贡献，并为员工提供繁华商业街商户的代金券，以及出席重大年度盛典的机会。

管理者该怎么做

管理者对于提高员工的参与度起着关键且直接的作用。管理者要发挥领导力，确保团队成员清楚地知道要做哪些工作并获得工作所需技能，同时认识到员工做出贡献的重要意义。管理者对职位和工作的设计有相当大的影响力，并且要在绩效管理体系的帮助下为员工提供支持、鼓励和训练。

提高员工参与度的 10 个步骤

- 多授权；
- 让员工参与制定工作目标、工作绩效标准和决定绩效评估指标的过程；
- 给予员工个人和团队更多空间，以便他们制订计划，付诸行动并自我监控工作绩效；
- 让员工提出他们自己的问题解决方案；
- 创建自我管理的团队，使其能够自己制定目标和标准并管理自己的绩效；
- 在决定需要做哪些工作时，给员工发表意见的机会；
- 帮助员工从他们自己的失误中学习；
- 鼓励持续的自我发展，以便员工能够在他们的岗位上获得成长并承担更多职责；
- 把你的设想和计划分享给你的团队成员们；
- 信任员工，别把他们当作小孩对待。

<<< 思考练习 5.1>>>

处理员工参与度的问题

你是一家大型金融服务公司的主要分公司的负责人。你的分公司有六个部门，每个部门由一位高级经理管理；你手下有 46 位中级经理和团队负责人；分公司里有 380 名专业技术、行政和支持类员工。

你的分公司存在很多问题，员工流失率和旷工率都很高，同时生产力在下降。经过和人力资源总监及高管层的讨论，你们认为这是员工参与度水平低造成的。因此，人力资源总监组织了一次员工参与度调查，结果如下表所示。共有 83 位员工完成了调查（响应率高，说明他们关心这个问题），调查表中的百分比显示了员工对于 10 条描述分别表现出的不同意见。

现在你需要对这份调查结果进行评价，并给公司管理层提出解决方案的建议。

员工参与度调查

请在以下空白处填写你所属的部门和小组。这个调查是不记名的，所以不必填写你的名字。

部门 ____________ 小组 ____________

请在最符合你意见的选项处打钩。

意见描述	非常同意	比较同意	既不同意也不反对	比较不同意	非常不同意
我非常满意我现在做的工作	5%	15%	18%	40%	22%
我的工作很有趣	6%	12%	26%	34%	10%
我很清楚要做哪些工作	9%	16%	32%	39%	4%
我准备充分投入到工作中	6%	14%	28%	40%	12%
我的工作不是很有挑战性	43%	31%	12%	10%	4%
我有很大自由度决定如何完成工作	4%	17%	24%	31%	24%
我在这项工作中有很多学习机会	2%	4%	12%	52%	30%
公司的工作设备 / 器材 / 工具非常好	15%	27%	45%	11%	2%
我的领导没有给我足够的支持	12%	31%	34%	17%	6%
我喜欢为我的领导工作	9%	12%	29%	31%	9%

<<< 本章小结 >>>

- 高参与度被定义为当工作中的员工对他们的工作感兴趣，富有积极甚至是兴奋情绪时的表现。
- 如果员工的工作具有意义，能有效发挥他们的技能，并且员工有行使选择权的自由，这样的工作就能最大限度提升员工的参与度。参与度高的员工会感到工作是他们个人的一个重要组成部分。
- 管理者对于提高员工的参与度起着关键且直接的作用。管理者要发挥领导力，确保团队成员清楚知道要做哪些工作并获得工作所需技能，同时认识到员工做出贡献的重要意义。

第六章

组织员工

组织过程
组织的目的
组织的指导原则

在组织中管理员工会不断产生各种问题，比如“谁该做什么？”“工作应该如何分组进行？”“需要建立什么样的沟通方式和层级关系？”“我们是否在做所有该做的工作，而且没做不该做的工作？”

作为一个管理者或团队领导者，你可能是被升职、调任或招聘到当前职位的，已经建立好的组织架构就是你开展工作的框架。在极少数情况下，你可能需要建立自己的组织架构。大多数情况下，你只需要对现有组织架构或团队责任和任务的分配方式进行必要的改良。进行这种改良时，管理者有必要了解组织的目的、过程及指导原则，本章将对此进行探讨。

组织过程

正式的组织过程可以被描述为设计、建立并维护一套协调各项活动的体系，它使员工个人和团队在管理者的领导下协同工作，为实现大家都理解并接受的目标而努力。这可能涉及对整体组织结构进行宏大的设计或重新设计，但最常见的情形是关注具有特定职能和开展特殊活动的组织，以及据以管理这些职能与活动间的关系的基本原则。

关于组织，有以下 4 个要点需要牢记：

- 正式的组织结构以设置好的等级关系（管理层级）为基础，并在组织结构图中显示出来。通常，组织功能由定义明确的岗位说明构成。但是，通过一种职责和关系的网络来打破正式的组织边界与管理层级，组织结构在不同程度上可以正式或非正式地发挥作用。
- 组织并非静止不变的事物。企业本身就在不断发生变化，企业运转的环境及在企业中工作的员工也都在发生变化。
- 组织由或多或少在进行协同工作的员工组成。不可避免的是，尤其是在管理层面，组织可能不得不进行调整，以适应现有员工的独特优势和特点。调整结果也许不尽如人意，但总比忽视人的因素的组织结构更可能发挥作用。虽然管理者心中有一个理想的组织结构很好，但能够灵活调整组织结构以适应特定环境也很重要，只要始终留意可能产生的潜在问题即可。这点也许是显而易见的，但常常为管理咨询顾问和其他对组织管理采取教条主义的人所忽略，有时还会导致灾难性的结果。
- 组织的形式依赖于组织的目的、活动和环境。因此，像“直线－参谋型”或“命令－控制型”这种高度结构化的组织形式，非常适合官僚机构或工作高度规范且可预期的单位。而对于像管理咨询公司这样依靠多种行为规则矩阵来运转且员工个人常常加入项目组工作的企业，就需要采用另一种不同的架构。

组织的目的

管理者要记得有时需要采用经验主义的工作方式。在典型的业务或业务部门内开展组织工作，可能是为了优化整体安排以便处理事务。为了达到这个目的，只要是环境需要和允许，你就要做到以下各点。

- 阐明组织或组织单元的总体目标。
- 列出实现这个目标要做的关键工作。
- 把这些工作进行合理的分组，以避免不必要的重复。
- 确保工作体系具有合理的活动流程，相互没有重叠。
- 谨慎使用“管道式”工作方式，也就是尽量不要把一项整体活动按照完成步骤的先后顺序分解成许多子单元。虽然这种安排表面上看有效率，但却可能导致工作重复、拖沓，而且被创建出的这些步骤单元可能因为其例行公事的本质限制了员工自主发挥的空间，使员工失去动力。
- 避免制造“筒仓”（silo），也就是过于关注自己的部门或工作小组，完全不考虑其他相关的组织单元在做什么的现象。
- 在追求组织总体目标时，也要关注活动的整体性，以及员工相互配合、协同工作取得的成果。
- 提高组织体系的灵活性，使组织的安排能迅速适应新的情况和挑战。
- 明确员工个人的职责、义务和权限。

- 在设计岗位时，要让这个岗位的员工能最大限度发挥优势和技能，高度激发其内在的积极性。

组织的指导原则

在判断组织结构是否有效时，并没有什么绝对的标准。不存在所谓理想的组织形式，没有一种组织方式是适用于所有组织的，也没有什么永恒的原则可以永远指导组织的抉择。但是，如果面临建立或评论组织结构的工作，管理者可以参考如下这些指导原则。这些指导原则并不是绝对的，但值得你结合对形势需要的分析加以考虑。

- 工作分配——必须明确需要做哪些工作，并分配给各个工作组、项目小组和员工个人。相关联的活动要结合起来考虑。
- 差异化和一体化——有必要把需要开展的不同活动区分开来，但同样有必要把这些活动有机结合起来，以便团队中的每个成员都为同一个目标而努力。
- 团队合作——在明确工作任务及描述岗位职责时，要采用能促进并强化团队合作的方式，应该强调工作中需要协作的部分。只要有可能，自我管理的团队应该被赋予最大的责任权限去开展他们的工作，包括做计划、分配预算及进行质量控制。当有需要时，应该鼓励建立起员工之间非正式的公开沟通网络。管理者要意识到，这种非正式的沟通过程可能比严格遵循组织结构图中设置的“工作通道”更富有成效。

- 灵活性——组织结构应该足够灵活，面对变化、挑战和不确定性能迅速做出反应。在管理层面，当员工共担责任并需要在其主要职能或技能之外的领域与同事合作时，应该考虑使用“学院式”的团队运作模式。
- 明确员工职责——员工应该清楚他们作为个人和团队成员所承担的职责。员工应该知道，在实现他们同意并承诺要达到的目标时，他们将对哪些工作负责，并且他们有机会充分发挥自己的能力。岗位职责说明中应该明确重点工作领域，但不应该成为紧箍咒，束缚住员工的主观能动性，甚至过于限制其责任。岗位职责说明不必详尽到列出每一项任务，否则会限制员工的灵活性和自主权。而且，岗位职责过于全面详尽会导致一些员工以“这不是我的职责”作为推诿的借口消极怠工。
- 分权——决策权应该被尽可能下放到行动现场。
- 减少层级——层级过多会造成不必要的“尊卑排序”问题，抑制沟通，限制灵活性。
- 管控范围——每个管理者或团队领导者能够管控的员工数量是有限的，不过根据不同的工作性质和员工特点，这个数量限制会有所差别。事实上，只要你准备好做更多的授权，避免牵扯进过多的工作细节并集中精力促进团队协作，你能管控的范围就会比你想象的大得多。
- “一对一”关系——如果一位管理人员管理着另一位管理人员，而后者管理着一个团队的员工，这就会造成困扰，让员工搞不清到底谁说了算。要厘清两个管理者在这种“一对一”的关系中如何分配职责。

- 一人一个上司——理想情况下，一个员工应该只对一个上司负责，这样他们很清楚自己所处的位置。但当某个人既有一个“直接”顶头上司，又在其工作中要对一位资深成员负有“职能上”的责任，这条规则就无法适用了。员工既要考虑维护公司对于工作职能的要求，又要顾及整体的公司政策。在这种情况下，就必须明确工作职能上的责任及其界限在哪里，通常，员工为了在部门或团队中完成工作目标，大多会对直线经理负责。

<<< 思考练习 6.1>>>

案例研究

巴切斯特市政委员会的工作和组织设计

巴切斯特市政委员会（Barchester Council）最近启动了一个叫作“改造计划”的重要项目。这是一个整个组织都要参与的项目，目标是在削减开支的强大压力下保证委员会继续提供高质量的服务。

项目首先从住房部开始实施，因为这个部门被公认为表现不佳。人力资源部门的调查显示，市政委员会在向客户提供服务时存在严重缺陷。第一次来住房部的客户会被一大堆不同工作组的员工轮番接待，因为每个员工分别负责住房业务的一部分。比如，客户可能需要见一位住房顾问、一位流浪者管理人员、一位登记人员、一位住房分配人员，然后可能还要见一位临时住所安排人员，最后可能是一位收入管理人员。每个办事人员上面都有一位管理者。客户可能 9：00 来，到 17：30 还没办完事，就在这些不同人员间来回穿梭。

对于使用服务的客户来说，这些程序非常复杂，要花很多时间，过程很烦人；对于组织来说，也要付出大量人力物力，既没效率也没效果。过去建立起的服务方式造成了很多拖延和浪费现象。每个工作组都严格按照规定行事，不允许具有灵活性。办事人员对其他组的工作一无所知，“筒仓式”工作成为常态。

每个部门的工作职责被限制在严格规定的内容范围内，单个管理者只有很少或根本没有做出决策的自由。由于被限制只能做高度重复且毫无新意的工作，员工总体上无精打采、灰心丧气。这就造成了组织内部的士气低落，从而必然会影响对客户服务的水平。

根据以上信息，你认为该如何改进服务水平？

<<< 本章小结 >>>

- 正式的组织过程可以被描述为设计、建立并维护一套协调各项活动的体系，它使员工个人和团队在管理人员的领导下协同工作，为实现大家都理解和接受的目标而努力。
- 在典型的业务或业务部门内进行组织可能是为了优化整体安排以便处理事务。组织功能既有正式的也有非正式的。

- 组织不是静止不变的事物，而是在不断发生改变。
- 虽然管理者心中有个理想的组织结构很好，但能够灵活调整组织结构以适应特定环境也很重要。
- 组织的形式取决于其目的、活动和环境。
- 在判断组织结构是否有效时，并没有什么绝对的标准。不存在所谓理想的组织形式，没有一种组织方式是适用于所有组织的，也没有什么永恒的原则可以永远指导组织的选择。但是正如本章所探讨的，有一些通用的指导原则可以参照。

第七章

团队建设

团队是什么
哪些因素有助于提升团队效能
如何评估团队绩效
怎样做才能实现良好的团队合作

作为管理者，你的重要职责之一是扮演好团队建设者的角色，即建立团队并最大限度发挥团队的能力，从而使团队成员共同做出最佳的业绩。

管理者需要阐明团队的宗旨和目标，确保团队成员协同工作，加强团队的整体技能，提升团队认同感和自信心，克服外部施加的困难，创造机会让团队成员提升技能和竞争力。这些都是管理者应做的团队建设工作。

为了完成这些任务，管理者需要找到以下这些问题的答案。

- 团队是什么？
- 哪些因素有助于提升团队效能？
- 如何评估团队绩效？
- 如何实施团队绩效评估？
- 总体来说，怎样做才能实现良好的团队合作？

团队是什么

团队就是各自技能具有互补性的一群人，大家通过彼此合作去实现共同的目标。团队的领导者要确定发展方向，提供指导和支持，协调团队活动，确保团队每个成员各司其职，促进团队成员的学习和提高，为解决那些影响团队工作的问题出谋划策，与团队成员沟通协调，以及监控和评估团队的绩效。

不过，一些组织内部形成了"自我管理团队"的概念，这些团队具有很大的自主性。他们有相当大的权力来制订计划，安排工作，解决问题，建立自身的绩效评估指标，以及制定标准来监控团队绩效和质量。在这些小组里，领导者的职责主要是作为协调者和推动者，领导风格应该是偏支持性和推动性的，而非指挥性的。

哪些因素有助于提升团队效能

一个高效的团队通常目标明确，团队成员感到工作任务对组织和对个人都很重要。团队运行的结构和方式与目标任务的要求相关。团队成员在协同工作时都高度参与其中，致力于完成团队的总体任务。此外，他们可以根据绩效和任务关联的要求灵活组队。团队将采用自我激励的方式竭尽全力去实现任务目标。高效的领导者应做的是引领团队方向并提供指导，而不是支配团队。运行良好的团队具有以下主要特征：

- 团队氛围友好、舒服且让人放松；
- 团队成员倾听彼此的意见并愉快合作；

- 团队成员具有完成工作任务需要具备的多种技能；
- 大部分决策能取得一致同意；
- 工作任务分配清晰、合理；
- 团队领导者提供高效的领导，但不支配团队——重要的是如何完成工作，而不是谁说了算。

如何评估团队绩效

团队绩效评估应该考虑团队的产出与成果，以及获得这些成果的团队协作过程的质量。

产出评判标准包括团队目标实现度、客户满意度及工作的数量和质量；而协作过程的评判标准包括团队内部参与度、协作和集体努力程度、矛盾解决程度、联合决策性、目标和计划制订、人际关系、相互依赖性、适应性和灵活性等。

如果管理者能定期对团队进行绩效评估，收集反馈意见，了解团队成员为实现目标而协作的成绩，并及时探讨任何影响团队合作的问题，他们就能为团队建设提供良好的支持。绩效评估会议的议程大致包括如下四点：

- 从总体上反馈和评估作为一个整体的团队的工作进展，团队遇到了哪些造成麻烦或拖延进展的问题，以及团队运营方面有哪些助力和阻力；
- 对团队运行的情况进行工作回顾；

- 解决团队问题，包括对任何缺陷或其他问题的成因进行分析，以及就如何解决它们并避免再次发生达成一致意见；
- 更新目标——对新的要求、机会或威胁进行评估，并在此基础上按要求修正团队目标。

以下检查清单可以用来做团队评估。

团队绩效评估清单

- 我们在实现团队目标时有多高效？
- 我们的团队协作怎么样？
- 是不是每个成员都做出了贡献？
- 团队的领导效果如何？
- 我们在分析问题，做出决策时表现如何？
- 我们是否善于及时展开行动？
- 我们是否对优先级高的事项给予了充分的重视？
- 我们是否在无关事项上浪费了时间？
- 在多大程度上，团队成员可以畅所欲言，而不被其他人压制？
- 如果存在矛盾，是否能被开诚布公地提出来，是否对事不对人？

怎样做才能实现良好的团队合作

建设团队时该做的 10 件事

- 提高紧迫性和方向性。
- 根据技能和潜在技能选择团队成员，尤其重视那些既能与人合作，在必要时也能独当一面的人。

- 尤其要关注团队建立之初的会议和行动。
- 与团队成员就目前的绩效导向任务和长远目标达成一致，这些任务和长远目标包括对一起工作的员工而言有所重叠或交叉的短期目标。它们都表现为需要联合行动才能达到的指标或完成的任务。
- 对员工的评估不仅依据其任务完成情况，还要考查其作为团队成员的协作程度。对善于团队合作的员工给予肯定。
- 作为对优良团队绩效的认可，要对团队整体给予表扬和奖励。
- 通过工作以外的活动构建团队精神。
- 召开团队会议来评估绩效，不仅关注团队成果的产出，而且关注团队协作的过程。
- 为团队成员提供学习和发展的机会，使其能够掌握多种技能，或至少能提升现有的技能水平。
- 充分利用组织内部提供的有关团队合作的学习活动。

<<< 思考练习 7.1>>>

调研团队合作的质量

你是一家邮购公司主要部门的管理者。这个部门分为 6 个工作团队，每个团队平均有 8 名员工。最近，这个部门的业绩有所下滑，你认为造成业务下滑的重要原因之一是团队合作质量下降。你注意到不少团队似乎存在合作困难的问题，因此你要求人力资源总监做个调研。这位总监对48位团队成员做了一项调查，其中40人填写了问卷。调查结果如下表所示，这说明了什么问题？你该怎么办？

团队合作有效性调查

请在以下空白处填写你所属的部门和小组。这个调查是不记名的，所以不必填写你的名字。

部门 ____________ 小组 ____________

请在最符合你意见的选项处打钩。

意见描述	非常同意	比较同意	既不同意也不反对	比较不同意	非常不同意
团队的目标清晰、可理解	3	6	8	15	8
团队成员能很好地协作	8	10	16	4	2
团队能够承受压力	6	9	18	5	2
团队之间关系融洽	4	6	12	15	3
在分配工作任务，排列工作优先度和监控工作表现方面能够实现自我管理	2	5	21	8	4
团队领导者的领导水平高	0	1	8	20	11
每个团队成员掌握的技能广泛且水平高	10	16	10	4	0
团队成员能充分发挥多种技能，灵活地工作	1	11	21	13	2

<<< 本章小结 >>>

- 管理者需要阐明团队的宗旨和目标，确保团队成员协同工作，加强团队的整体技能，提升团队认同感和自信心，克服外部施加的困难，创造机会让团队成员提升技能和竞争力。这些都是管理者应做的团队建设工作。
- 团队就是各自技能具有互补性的一群人，大家通过彼此合作去实现共同的目标。
- 团队的领导者要制定目标，提供指导和支持，协调团队活动，确保团队每个成员各司其职，促进团队成员的发展和提高，为解决影响团队工作的问题出谋划策，与团队成员沟通协调，以及监控和评估团队的绩效。
- 一个高效的团队通常目标明确，团队成员都能认识到工作任务的重要性。团队运行的结构和方式与目标任务的要求相关，团队成员在协同工作时都高度参与其中。高效的领导者应做的是引领团队方向并提供指导，而不是支配团队。

第八章

授权

什么是授权
授权的好处是什么
授权的困难有哪些
授权的方式

作为管理者，你不可能自己完成所有的工作，所以你必须要授权，让其他人来完成部分或全部的工作——这是管理者的重要工作之一。授权看上去很简单，只要告诉员工你需要他们做什么，然后让他们去做就行了。但实际上不止如此。授权并不容易，需要勇气、耐心和技巧。与管理者的其他活动相比，授权是你工作中能拥有更多自由选择的部分。你选择把哪些工作授权给哪些人，如何授权，几乎全部都由你自行决定。

本章将对以下有关授权的问题给出答案：

- 什么是授权?
- 授权的好处是什么?
- 授权的困难有哪些?
- 什么时候授权?
- 授权哪些工作?
- 如何授权?
- 如何评估你是否善于授权?

什么是授权

授权不仅仅是把工作布置下去。你的团队成员都有自己负责的工作范围，这是他们正常职责的一部分。管理者必须要做的是明确这些职责并相应地分配工作，即布置工作。

而授权不同。授权是你经过认真考虑后，把本可以留下来自己做的工作，交给其他人并允许其在一定权限范围内完成。在这里要记得，你做的只是把完成任务和做出相关决策的权限授予出去，你仍然要为工作结果负责。有人说，你不能把责任授予出去，这是一种误导，此处的责任就是通常所说的员工要做的事——他们的工作、任务和职责。你不能授予出去的是你负有的义务，也就是你作为管理者或团队领导者需要承担的部分。管理者必须确保员工拥有行使其职责的权限。如果交通管理员没有开罚单的权力，他们就只能靠言语劝阻那些违反交通规则的行为了。

授权的好处是什么

授权的好处包括：

- 使管理者能够关注那些真正重要的职责，那些需要运用管理者的个人经验、技能和知识完成的工作；
- 使管理者从不太重要的例行工作中脱身；

- 使管理者避免陷入过多细节中；
- 使管理者可以管控的范围更大；
- 只要权限被下放到行动现场，授权就能够减少决策延迟的问题；
- 允许员工在细节已知的事务上做出决策；
- 为员工扩大了职责和权限，给员工更大的自主权，从而使员工更有动力和掌控感；
- 有助于员工拓展更多知识和技能，提高其对事情进行判断和决策的能力。

授权的困难有哪些

授权的好处是显而易见的，但授权也存在困难。最主要的问题是，授权往往意味着承担风险。你无法百分之百确定，被授权的这个员工能否按照你的设想去开展工作，所以你往往会忍不住过度监督、限制或干涉员工。但这样做就会缩小员工的权限，让员工感到紧张、气愤，破坏员工的自信心，从而消解掉原本授权可能带来的好处。很多管理者不愿意授权，因为他们希望掌控一切。他们从心底认为自己比员工懂得更多，不相信有人能把事情做得和他们一样好，别说更好了。有些管理者不乐意授权，只是因为他们享受“掌控一切”的感觉，不能忍受把权力拱手相让给别人。

授权的方式

在某种程度上，只要能够意识到这些困难的存在，并认可授权的好处比其可能存在的缺点更多，你就能克服这些困难。同时，下面将探讨的一些授权方式也会对你有所帮助。管理者需要了解授权的过程，什么时候授权，授权哪些工作，如何选择授权对象，如何把工作分配出去，以及如何监控绩效等问题。

授权的过程

授权的过程从管理者完全管控（被分配工作的员工完全没有行动自由）开始，直到全面放权（员工被授予开展工作的全部自主权）。这个序列如图 8-1 所示。

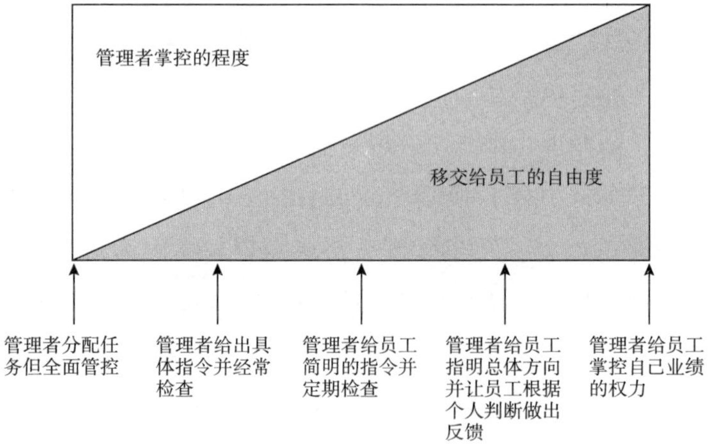

图 8-1 授权序列

什么时候授权

在出现以下情况时，管理者应该授权：

- 你肩负的工作无法靠一己之力完成；
- 你不能给优先度高的任务分配足够的时间；
- 你想要提携某个团队成员；
- 你相信这样做能够提升某些员工对其工作的参与度；
- 你认为你授予其权力的个人或团队能够圆满完成工作。

授权哪些工作

管理者授权出去的工作应该是不需要自己完成的。你不是要把自己从困难、乏味或不值得做的工作中解脱出来，也不仅仅是为了让自己的日子更好过。从某种意义上说，授权会让你的日子更不好过，但会更有益。

你要把那些不值得你亲自动手的例行公事性的工作授权出去，这样你就可以更有效地利用时间。

你可以把专业的任务授权给那些具有专业知识和技能的人去做。你不可能事事亲力亲为，也不可能什么都懂。你必须懂得如何选取员工并利用其专业技能，只要你明确自己需要专业人士提供哪些帮助并让他们以一种有效的方式提供给你，就不会有问题。作为管理者，你要了解你手下的专业人士能为你做什么，掌握关于这个项目足够的知识，并且你要能够判断这些人的产出是否有效。

当你需要员工共同开展一项之前你自己负责的任务并对他们能做好有信心时，就可以授权给一个团队。

选择由谁来做工作

在给员工委派工作时，你选择的人应该具有足够的知识、技能、经验、动力和时间，能把工作做得令你满意。作为管理者或团队领导者，你的职责就是了解你的员工——他们的优势和缺点，他们擅长或不擅长做什么，哪些人乐于学习，以及哪些人会自以为是……

管理者可能常常需要把工作委派给某些经验或知识不那么丰富的员工。在这种情况下，你应该尽量选用那些天资聪颖的人，并且最重要的是，他们要乐于在帮助和指导下学习如何开展工作。这也是员工成长起来的方式，你在委派工作时应该有意识地把团队成员的成长作为目标之一。

你要寻找的是可以信任的人。所以你不能管得太多，你必须相信你选的人能胜任这份工作，并会在遇到困难时或做出错误选择前寻求你的帮助。你一定要向员工表明，你随时准备好在必要时提供支持和指导，尤其是在员工刚开始做一项他不熟悉的工作时。一开始，你可能需要花时间培训员工，帮助他们发展新的技能或提高现有工作技能。

你怎么才能知道谁是可以信赖的呢？最好的办法就是先用比较简单且不那么重要的任务来测试员工，如果他们能做好，你就可以给他们更大的发挥空间。你可以在一开始比较密切地监督员工的工作，然后逐渐放手，直到最后他们能够主要靠自己来工作，而你只需要时不时检查一下进度。如果员工做得不错，管理者就可以给他们更多职责和决策权，他们也能获得额外的技能和自信心，不辜负你对他们能力的信任并进一步承担要求更高且责任更大的工作。

分配工作

在授权工作时，你应该确保相关的员工和团队知晓：

- 为什么要做这项工作；
- 他们需要做什么；
- 需要在什么时间内完成工作；
- 需要达成什么样的目标；
- 他们的决定权有多大；
- 哪些问题必须上报；
- 需要提交哪些进度报告和最终报告；
- 他们能获得哪些指导和支持。

你必须考虑清楚工作应该怎么开展，需要给员工提供多少指导等问题。你一定不希望由于过于细致的指令扼杀了员工的自主性，你也不希望因为毫无必要的事必躬亲让员工恼火。只要你有理由相信员工能够把工作做得令你满意，既不令你难堪也不会严重扰乱别人，不会超出预算，更不会犯法，那你就放手让他们去做好了。你可以遵循罗伯特·赫勒（Robert Heller）的黄金法则："如

果你自己做不了某件事，就找到能做这件事的人，然后让他们用他们自己的方式去做。”（赫勒，1972）

你要对硬性授权和软性授权加以区别。硬性授权是指你直接告诉员工具体要做什么及怎么做。你口头讲，书面确认并在工作日志中记录下完成工作的日期，然后定期跟进进展。

软性授权则是指你大体上同意要做哪些工作，并让员工自己去做。你仍然只给出一定的权限，并要明确你期望得到的结果，说明你将怎样评估工作进度，以及规定什么时候需要听取例外报告等。例外报告只用于处理特殊事件，这是基于例外管理原则——也就是说集中精力在关键事件和指标上，以便其显示出好的、不好不坏或者坏的结果（偏离常规的例外事件）作为指导来采取行动。这种方式有助于员工集中精力关注主要问题。

管理者应该始终根据期望获得的结果来授权工作。如果员工经验丰富，能力很强，你就不需要具体说明该如何取得工作成果；而在面对不那么有经验的员工时，你就必须做出判断，以决定需要提供多少指导。没经验或经验很少的新员工需要大量指导，他们正处于“学习曲线”上升期，也就是说他们正在逐渐掌握达到绩效标准所需要的知识和技能。管理者要确保新员工在学习曲线上稳步前进，并留意每个人的起点不同，学习速度也不同。在这个阶段，管理者要扮演教练或导师的角色，帮助员工学习和发展（参见第九章相关内容）。即使你不需要详细解释怎样做才能达成工作结果，但如果授权事项是要求员工解决问题，你最好先询问他们打算怎么做。

监测绩效

授权不是弃权。管理者仍然要对团队整体和成员个体取得的工作成果负责。你需要在多大程度上监测工作绩效及相应的监测方式，取决于授权涉及的人员和任务的性质。如果员工个人或团队作为一个整体都没有什么经验，或者承担的任务是其所不熟悉的，你可能从一开始就要仔细地监测工作绩效。但是，你能越快放松下来，不用刻意关注进度就越好。理想的情形是，你应该对员工个人或团队能在最少的监督下取得你需要的成果有信心。这种情况下，你可能只要收取阶段性的例外报告就行了。

对于具体任务或项目，你要设定完成日期并在工作日志中做好备忘，以便你检查这些工作是否如期完成。不要允许员工对是否按期完成任务抱着无所谓的态度。

你要确保员工按照要求提交进度报告和例外报告，以便你批准必要的改进行动，但要避免过于严苛。你要向员工说明，在什么范围内他们有权限不经过你批准就行动。如果员工越权或没有及时通知你相关事项，就必须受到责备。你不想出现什么意外，你的员工必须明白，欺瞒你是不可接受的。

管理者要尽量避免对员工的工作方式做出不必要的干涉。毕竟，工作结果才是最重要的。当然，如果存在任何事情偏离正轨的危险，你就必须插手了。一定要避免员工做出鲁莽的决定，造成额外的支出或忽视明确合理的限制等情况。

管理者需要在保证员工遵守规则（可能看上去不那么重要）和允许员工按意愿行事之间取得微妙的平衡。而对于这种平衡的边界在哪里，并没有什么绝对的原则。管理员工是一种艺术，而不是一门科学。不过根据你对手下员工和你所处的情形的了解，你应该对怎么做合适至少有些概念。这是判断力的问题，但这种判断要基于对事实的了解。善于授权的管理者，对团队成员的优点和缺点及其所处的工作环境都了如指掌。

最重要的是，管理者要避免“作壁上观”。老板给下属分配了一个几乎无法完成的任务时，就可能出现这种现象：下属拼命尝试的时候，老板却远远地在一个安全的地方说“这事很简单，你只要再努力一点儿就行了”。

<<< 思考练习 8.1>>>

你是否善于授权

对以下陈述选出最合适的选项，来检验你对授权掌握得如何。以此结果为基础，采取一些你认为能够减少问题并改进授权方式的措施。

授权检查清单

授权者的行为	该行为频率			解决方案
	经常	偶尔	从不	
你不得不晚上把工作带回家做吗？				
你比下属的工作时间还长吗？				

续表

授权者的行为	该行为频率			解决方案
	经常	偶尔	从不	
员工常常向你提问题，给建议或做决定而打断你的工作吗？				
你要花一部分工作时间为别人做他们分内之事吗？				
你觉得必须事必躬亲才能保证员工把工作做好吗？				
虽然别人能够做得足够好，你仍然总是参与工作细节，因为你喜欢这样做？				
你对团队成员的能力信心不足，所以不敢冒险让他们承担更大责任吗？				
当员工的工作出现问题时，你不能听取他们的解决方案吗？				
你没有系统性地分析和评估员工的能力而无法授权给他们吗？				
你是否忽视了一项工作：给经验不足的员工提供指导和培训以便自己有信心给他们更多授权吗？				

<<< 本章小结 >>>

- 授权是你经过认真考虑后，把本可以留下来自己做的工作，交给其他人并允许其在一定权限范围内完成。
- 授权的主要好处在于使管理者能够关注那些真正重要的职责，那些需要调动管理者个人经验、技能和知识完成的工作。
- 授权最主要的问题是它往往意味着承担风险。你无法百分之百确定，被授权的这个员工能否按照你的设想去开展工作。
- 管理者授权出去的工作应该是不需要自己完成的。你不是要把自己从困难、乏味或不值得做的工作中解脱出来，也不仅仅是为了让自己的日子更好过。从某种意义上说，授权会让你的日子更不好过，但会更有益。
- 管理者应该始终根据期望获得的结果来授权工作。
- 在授权工作时，你应该确保相关的员工和团队明白为什么要做这项工作，需要做什么工作，他们的决定权有多大，以及需要提交哪些进度报告。
- 授权不是弃权。管理者仍然要对团队整体和成员个体取得的工作成果负责。你必须监控绩效，同时避免过多干涉。

第九章

定义工作

职位设计
建立岗位职责说明
分配工作

作为管理者，你的重要任务之一就是明确你的团队成员要做哪些工作。当你接到一个新任务或当你负责的领域的工作体系发生改变时，你可能需要对岗位职责进行设计或重新设计。你要确保你的员工明白他们要做哪些工作，虽然你可以直接告诉员工他们的工作包括什么，但最好能以说明工作职责的方式对他们的岗位做出定义。此外，在日常工作中，你还会以具体任务的形式把工作分配给员工去开展。

职位设计

一个工作系统由具体工作内容及其在特定活动领域的完成方式组成。工作系统可能已经为你设定好了，比如一条生产线中的工作系统，而系统中的工作岗位也可能是标准化的，比如呼叫中心的客服人员。然而，管理者往往能够在某个范围内决定工作应该如何完成。在这种情况下，管理者就需要了解如何设计职位才能够最大限度激发该岗位人员对工作的参与热情，获得最佳产出结果。正如弗雷德·赫茨伯格（Fred Herzberg）所说的："如果你想让某人把一件工作做好，就给他一件好工作让他去做。"管理者应该尽最大可能使职位具有：

- 趣味性——职位本身很有趣，即完成一件完整的且识别度高的工作，并能做出重大贡献；
- 挑战性——为员工提供高要求的工作；
- 多样性——工作内容涉及一系列的技巧和能力；
- 自主性——处于这个职位的员工有一定自由度，可以做出决策，进行选择，制定工作时间表，确定工作实施步骤，并对工作结果负有个人责任。

这个过程就被称为“工作丰富化”（job enrichment）。

<<< 思考练习 9.1>>>

关于工作丰富化的一个案例

詹姆斯·特纳（James Turner）刚刚被任命为尖端出版集团（Acme Publishing Group）的人力资源总监，这个集团出版大量的地区性报纸和三份行业期刊。詹姆斯在位于伦敦的集团总部工作，总部的营销、财务和行业期刊经营部门雇有大约200名员工。每家地区性报纸机构都有专门的人力资源负责人，但在总部办公室，除了人力资源总监，没有其他人力资源专业人员。以前的人力资源主管是从集团中某一行业期刊的中级职位调任过来的，主要负责例行的人事工作，比如总部人员招聘，基本不管地区性报纸的人事业务。之所以新设置了人力资源总监这个职位，是为了有人在处理一些紧迫问题的同时，还能顾及总部的人力资源事务。出于预算方面的考虑，高管层不同意再雇用一位人力资源助理。

不过，詹姆斯的前任给他留下了一位个人助理，简·哈迪（Jane Hardy）。简 23 岁，进入公司两年了。她五年前考入了大学，但由于母亲生病没能完成学业，而是参加了秘书培训。她的前任老板只让她做打字、归档和记录日程安排之类的工作，所以她觉得自己的能力没有得到充分的发挥，工作起来没精打采。

就职后，詹姆斯很快发现简的工作积极性受到挫伤，她本可以胜任更多工作，因为她既聪明又开朗。詹姆斯认为在这种情况下，应该使用工作丰富化的手段予以改善。

詹姆斯该怎么做？

10 个步骤进行职位设计，提高员工参与度

- 只要有可能，就安排员工从头至尾参与一项活动或一件产品的相关工作，或者为一个整体的重要组成部分工作。
- 把相互关联的任务结合为一项工作。
- 工作职责包含多样化的工作任务。
- 在安排工作时，允许员工对工作方法和工作进度提出自己的建议。
- 在工作中为员工提供一定程度的自主权，使其可以做决定。
- 确保员工能获得关于其工作成效的反馈，最好让他们自己对其业绩进行评估。
- 为员工提供其监测绩效和做出决策所需要的信息。
- 直接向员工提供内部和外部的客户反馈。
- 尽可能确保员工感觉到，工作要求他们充分发挥才能，取得良好绩效。

- 给员工机会去争取他们看重的结果，比如以涨工资体现的自我价值提升，专业能力的发展，在小组内的地位提升，以及更有挑战性的职位。

建立岗位职责说明

作为组织工作过程的一部分，管理者要确保每个员工都清楚在其主要岗位职责方面，也就是重点工作领域中，他们必须实现的目标。这不仅能明确员工的责任，还能与员工就工作目标达成共识，根据这些目标来评估其取得的成果，为绩效管理提供基础。你可以从以下所示的基本岗位职责说明入手。

职务：数据库管理员

部门：信息系统部

职责目的：建立并维护数据库运行及其必要的环境

重点工作领域：

- 识别出需要进行数据管理的所有项目的数据需求，满足内部客户的需要；
- 与同事合作制订项目计划，以满足他们的数据需求；
- 支持底层数据库基础建设；
- 与系统和软件供应商建立联系，获得产品信息和技术支持；

- 与直线经理及有需求的部门协商并提前设定预算和标准，在此范围内管理项目资源（人力和设备）；
- 在日常工作中，给外包服务商分配工作并予以督促；
- 严格遵守设定好的数据传输协议，必要时建立额外安全协议，确保底层数据库基础设施的安全。

基本岗位职责说明为该岗位员工履行其职责提供重要的信息，也为管理者管控该岗位员工的绩效提供依据。准备岗位职责说明并不太难，这也是管理者确保员工明白其职责范围至少应该做到的。

描述在这个岗位的员工需要掌握的知识和技能（也就是为了履行职责需要知道什么及能做什么）也是很有用的。这有助于指出员工在什么情况下需要进一步学习和培养技能。此外，还可以明确描述员工履行职责的方式，也就是对员工的行为进行预判。这类描述通常被称为职业能力，很多组织都用所谓的职业能力框架来说明对其员工在各个方面的素质要求，其实，它们也可以被称为岗位职责说明，只要做些改进来适应不同的岗位即可。数据库管理员岗位职责的定义举例如下。

需要了解：

- 数据库管理技术；
- 企业采用的数据库软件的特点和用法。

需要能够：

- 在解决方案不明确的情况下分析和选择备选方案；
- 在一两个月的时限内制订项目计划并规划自己的工作量；
- 适应需求和优先级的迅速变化，同时顾及整体计划和优先度；
- 解读预算并在预算范围内有效管理资源；
- 与供应商谈判；
- 了解技术的发展和趋势，并在可行时把新技术应用于日常工作，与新的项目发展结合。

职业行为能力：

- 以把事情做好为目的，设置并达成有挑战性的目标；
- 从一系列信息源中分析信息，制订出有效的解决方案；
- 无论口头还是书面，都表达清晰、有说服力，能从非技术性的角度解决技术问题；
- 与技术和非技术同事都能积极配合，完成项目工作；
- 作为内部服务提供者，与同事建立积极的关系。

在制定基本岗位职责说明时，有必要与该岗位员工在其总体职责目标和重点工作领域等方面达成一致。为获取这些信息，你可以提出如下四个方面的问题。

- 你的总体职责目标是什么？
- 你认为你必须做的最重要的事有哪些，也就是你的重点工作领域是什么？

- 你认为你在这些重点工作领域中需要达成什么目标？
- 你或其他人如何判断你是否达成了这些目标？

要想扩充基本岗位职责说明，把知识、技能和职业能力都包括进去，就需要获得以下这些问题的答案。最好请员工自己来解答，不过在有些情况下，可能需要给员工多做些引导。

- 要想出色地履行职责，这个岗位的人员需要懂得哪些知识？
- 要想出色地履行职责，这个岗位的人员需要具备哪些技能？
- 对于这个岗位的每个重点工作领域，什么样的行为有助于取得良好的绩效？

<<< 思考练习 9.2>>>

准备一份基本岗位职责说明

以下是一份编辑整理后的文字记录，记录了食品制造公司的一位质检员在岗位分析会议上的发言。请根据这些信息，准备一份基本岗位职责说明。

我负责我们熟肉产品线上的四种产品的质检工作，对产品线经理负责。我通过对产品样本进行例行测试，检查这些产品是否符合我们的质量标准。我有时也会检查产品的标签和包装，确保这些与产品的规格要求一致。我必须了解这四种产品的所有规格要求，包括基本成分、混合成分、口味和气味，以及外观和适用性。

我们的质量控制指南规定了需要做的标准测试和样本大小，包括一系列微生物和化学测试。一些测试相当复杂，另外一些像外观之类的测试就比较简单明了。

如果发现问题，我首先会交给产品线经理，这样她就能在她的权限范围内处理问题。如果测试结果很明确，我要向产品线经理提出解决方案。如果是更重要的问题，涉及产品原料、产品组合或生产方式等，产品线经理就会转交给产品研发部来处理，这时我就需要讲解我在测试中发现了什么。

我定期（每个月）提交报告，总结测试结果并标出我认为需要关注的问题。我不必提出解决这些问题的方案，不过有时制造部门和产品研发部门会咨询我的意见。我还要参加定期的质检会议，在会上我要提出我发现的问题，并参与讨论。

如果我完全遵照公司的质量控制指南进行产品的测试和检查，我就能圆满完成工作。我要和产品线经理保持顺畅沟通，获得她的尊重。我的报告必须清楚、易读并按时提交。我对产品质量的意见必须有支持依据，这些依据必须能支持我的结论。如果我能为产品线经理、老板和产品研发部门提出实用的相关意见和建议，我的工作就做得很好了。

分配工作

分配工作意味着要告诉员工做什么事，或者要是你不想那么专断（而是正确对待员工），就询问员工的意见。管理者有时必须发号施令，但在可能的情况下，最好能客气地提出要求。

在管理者分配工作时，他应该讲清楚要做什么，为什么要做

（员工如果知道他们做事的原因，会更有动力），什么时候完成，以及如何衡量绩效等问题。如果员工对不熟悉的任务心存顾虑，你就有必要解释这项工作应该怎么做，也就是说按照以下顺序给出指导意见：

- 讲清楚要做哪些工作；
- 对任务进行演示说明；
- 促使员工去执行任务；
- 持续跟进，确保一切进展顺利。

这个过程在第十二章将有更详细的描述。

<<< 本章小结 >>>

管理者：

- 必须能定义其团队成员要做的工作；
- 需要了解如何通过职位设计使其具有趣味性、挑战性、多样性和自主性，从而最大限度激发该岗位人员对工作的参与热情，获得最佳产出结果；
- 需要确保每个员工都清楚在其主要岗位职责方面，也就是重点工作领域中，他们必须实现的目标；
- 通过准备岗位职责说明，为该岗位人员行使职责和管理者管控其绩效提供重要信息，达成以上目标；
- 要分配工作，也就是告诉员工做什么事，或者，如果管理者不想那么专断（而是正确对待员工），就询问员工的意见。

第十章

绩效管理

绩效管理的过程
绩效计划
绩效管理的连续过程
提供反馈
绩效评估会议和绩效谈话

作为一个管理者，你确保自己的团队成员全都能够取得卓越的绩效，即使不是你最重要的职责，也是应当履行的职责之一。你必须使员工明白你期待他们达成哪些目标，并且你会和他们一起根据这些目标来评估绩效，然后共同决定怎么做才能达到提升绩效和拓展知识与技能的目的。其实，很多组织都有正规的绩效管理体系来帮助管理者履行这些职责，但如果你的团队目前还没有这种体系，那么你只要能参照本章的内容开展绩效管理工作，也是能够管理和提升团队绩效的。

绩效管理的过程

绩效管理的发生过程可参见图 10-1 所示的一个持续的循环模式。

事实上，这就是管理的正常循环过程。绩效管理不是人力资源部门强加给直线经理的评估体系，而是一个自然的过程，从这个角度来看，绩效管理涉及以下几个方面。

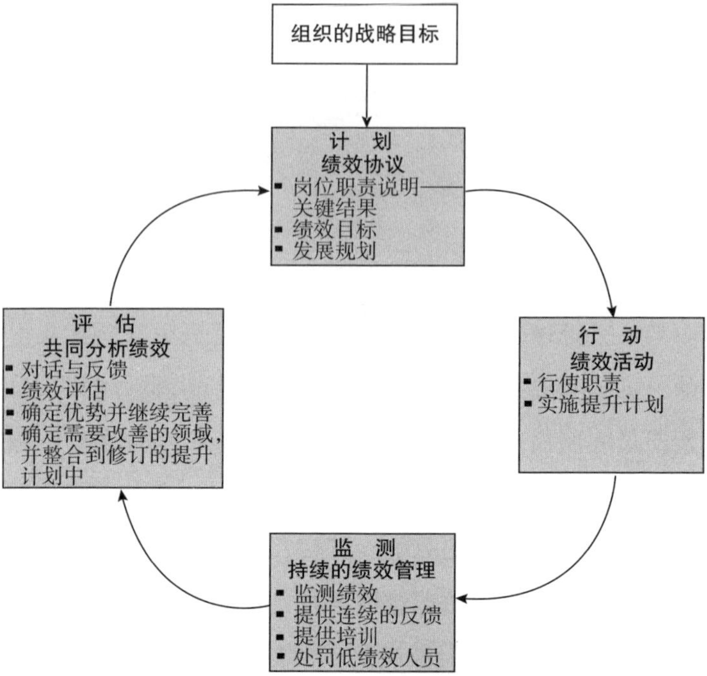

图 10-1 绩效管理循环

- 计划——与员工就需要实现的目标、达到的标准及获得的技能达成一致，讨论并商定提升计划。
- 行动——采取行动来实施计划，并达到日常工作要求的标准。这种行动需要员工在管理者的引导和支持下开展。
- 监测——由员工个人持续监测行动和成果，必要时由管理者监测（员工能够有效监测自我绩效的范围越大越好）。
- 评估——一年中任何适当的时间都可以进行。绩效管理是一个持续的过程，而不是年度性行为。绩效评估，也可以称为绩效谈话，可以不拘形式，只要管理者给出反馈即可。当然，由员工个人根据其直接获得的反馈信息来形成更好。较为正式的评估应该定期进行，比如一年一到两次。

绩效计划

绩效管理的目的是让员工行动起来，去完成计划之中的目标，其重点在于要做什么事，应该怎么做，以及要达到什么目标。同时，使员工得到发展也很重要。无论是现在还是将来，管理者都要帮助他们学习，并为他们提供做好工作所需的支持。绩效计划的目的是以绩效协议的方式为绩效管理提供框架，而绩效协议是一年间进行绩效管理的基础，也是指导员工提高和发展的基础。因此，绩效协议被用作评估绩效和提升计划成果的一个参考点。

管理者应该和员工一起参与绩效计划，并与员工在需要做哪些工作上达成一致。而岗位职责说明就是绩效计划的起点，能够明确岗位所要求的结果、知识、技能和行为，为商定目标和提升计划提供基础，如下所述。

商定目标

绩效管理的基础是明确各个重点工作领域的目标。目标设定有助于在岗位人员须实现的目标方面达成一致，它是旨在明确和管理预期的绩效管理过程的一个重要部分，也可以为绩效评估提供参考。

目标描述的是必须要完成的事情。目标或指标（二者可以相互替换）表明了公司或领导希望员工在一定时间段内取得的成果。

目标可以是一个具体的目的，比如“在9个月内把不合格率降低3个百分点”或“通过y引入x”，也可以是圆满完成一项任务后所达到的标准，比如“不合格率保持低于2%就能使绩效达到标准”。

一个目标或标准能否成为一项有效绩效指标，判断标准有如下9个方面。

- 一致性：与组织的价值观和目标一致，并支持价值观和目标的实现。
- 相关性：与岗位职责目的一致。
- 精准性：具体、清晰、定义明确——绩效的定义应该重点关注有价值的结果，比如数量、质量、时间、成本效率、监管的需求或对员工的影响。
- 可测量性：与定性或定量的绩效衡量标准或指标相关联。
- 可追踪性：实现目标的过程是可监控的。
- 可挑战性：能够刺激更高的绩效需求或鼓励进步。
- 可实现性：绩效目标应该是可实现的，但又不会太容易实现——应该考虑到可能影响员工实现目标的因素，包括资源（金钱、时间、设备、他人的支持等）匮乏、经验或训练缺乏，以及超出员工控制范围的外部因素。
- 一致同意性：管理者和相关员工共同商定目标，目的是使员工有主人翁意识，而不是被迫接受强加的目标。然而，有时需要让员工相信自己能够达到更高的标准，但个人目标必须与公司整体目标保持一致。

- 时间相关性：实现目标的时间表或日期必须明确。

人们常常用“SMART”这个首字母缩写词来定义一个优秀的绩效目标。传统上，S是指明确性[specific，有时也指延伸性（stretching）]，M是指可测量性（measurable），A是指一致同意性（agreed），R是指可实现性（realistic），T是指时间相关性（time-related）。

制定目标的10项检查清单

- 制定目标的过程是否以最新商定形成且包括各个重点工作领域的岗位职责说明为基础？
- 制定目标是否是管理者和员工共同完成的？
- 工作标准和目的是否与岗位职责说明中的重点工作领域具有清晰的相关性？
- 制定出的目标是否有助于实现公司和团队的整体目标？
- 目标是否明确？
- 目标是否具有挑战性？
- 目标是否具有现实性和可实现性？
- 员工是否认可实现目标的时间要求？
- 如何衡量是否实现目标？
- 在达成这些目标时，可能遇到的问题是否都有所说明，并且员工是否已经知道该如何解决这些问题了？

提升计划

提升计划表明，员工有必要配合管理者在工作的具体领域完成目标，比如实现销售或生产目标，精准地完成工作，为内部客户提供服务，降低成本，减少浪费或及时完成任务。在任何发展领域，管理者都应该对工作内容及完成时间制定目标，并与员工商定如何达成预期的结果。计划中也要说明，如果员工出现任何行为表现方面的问题，比如不合作或努力不足，该如何解决这些问题。当然，提升计划需要专注，目标过多只会抵消为改进做出的努力。

提升计划中还应该包括关于员工学习目标方面的约定，如果达成学习目标，方可确保员工具备在个人岗位上做出良好绩效所需的知识和技能。这类目标可以在第十二章将探讨的个人发展计划中制定。

提升计划要考虑到在绩效管理循环最终阶段做出的绩效评估结果。对于因入职时间还不够长而没有获得正式评估的员工，管理者要对其在各个重点工作领域中达到出色绩效的关键要求进行总体评估，以此为基础制订提升计划。

绩效管理的连续过程

管理者应该把管理绩效的职责看作实施管理的连续过程中的一个主要部分，这是强调以下事项的理论基础：

- 能够持续地提高绩效；
- 不断提高技巧和能力；

- 构建是一个“学习型组织”，不仅能够不断学习和运用获得的经验教训，而且能对以往产生高水平绩效的因素做出分析。

因此，管理者应该乐意、准备好并能够监测绩效，而且在发展和提升的需要出现时，发现并满足这种需要。只要可行，学习和工作应该结合起来。这就意味着，你要鼓励你的团队成员从日常工作中遇到的成功、挑战和问题中不断吸取经验教训。

管理者应该参考与员工共同制定的目标和提升计划，以此来进行绩效监测。如果你对某个员工完成业绩有信心，你就只需要在监测绩效时点到为止，但在某些情况下，你可能需要更密切地监测绩效。管理者需要根据对员工工作能力的了解，来判断监测的力度大小。这也是第八章讲到的授权过程的一个组成部分。

在全年的绩效管理过程中，反馈机制是一个重要组成部分。

提供反馈

反馈就是向员工提供关于其在工作结果、活动、危机事件和重要行动中表现如何的信息。告知员工其工作圆满完成的反馈是积极的，为员工更好地完成工作提出建议的反馈是建设性的，而告知员工其表现不佳的反馈则是消极的。反馈能够强化有效的行为，并指出哪些地方的行为及怎样的行为需要得到改变。它可以由管理者在一年中任何时间非正式地给出，也可以在年度绩效评估会议上正式提出。

提供反馈的 10 条指南

- 与工作相结合。有效的反馈应该和工作结合在一起，或者在活动结束后马上给出。
- 对实际发生的事情给出反馈。反馈应该针对实际获得的结果或被观察到的行为，且有迹可循。
- 描述事实，不加评判。反馈呈现的方式应该是对发生的情况做出描述，不应该带有评判意味。
- 指出并说明具体的行为。你的反馈要与行为中的具体表现相关联，而不要执着于传递整体的感受或印象。
- 强调“如何”而非“什么”。将注意力集中在如何处理工作任务上，而非结果上。
- 提出问题。提出问题而不是发表声明，比如“你认为为什么会发生这种事？”“经过反思，你觉得你还可以用什么其他方式处理这件事？”“你认为将来你应该怎么应对这类事？”
- 选择关键问题。每个人能接受的批评是有限的，如果管理者批评过度，反而会适得其反。所以要选择关键问题，针对这些问题提出反馈。
- 重点突出。把精力花在员工个人无力改变或只能改变少许的事情上是在浪费时间，所以要重点关注员工能够提高绩效的领域。
- 提出积极且有建设性的反馈。当员工感到自己对工作有掌控的能力时，他们就更有可能积极工作，以便提高其自身的绩效和技能。所以，管理者给出反馈时不仅要对员工需要改进的方面给予反馈，也要对员工表现优异的方面给予反馈。反馈的重点是怎样把工作做得更好，而不是纯粹的批评。

- 确保反馈能够引导他们的行动。反馈中应该指明员工需要采取哪些行动来提升绩效或技能。

绩效评估会议和绩效谈话

很多组织把正式的绩效评估会议看作管理绩效过程中的一个关键步骤。在绩效评估会议上，管理者有机会给出反馈，听取员工本人对工作的感受并为制订提升计划奠定基础。但绩效评估会议很难开成功，可能会给管理者和员工都造成压力，甚至让他们产生畏惧心理。近来，不少公司都认为年度评估弊大于利，所以代之以更频繁但不那么正式的评估会议，称为“绩效谈话”。

绩效谈话

绩效谈话是一种引导性的对话形式，而不是正式的评价。谈话内容包括管理者给出的反馈，可能还有员工的一些自我评价。绩效谈话的内容围绕员工正在进行的工作展开，是具体的而非抽象的。绩效谈话的重点应该放在员工的优点上，而不是缺点上。管理者要肯定员工取得的成绩，同时也要指出没有按照计划正常开展的工作，目的在于吸取教训。绩效谈话不会获得绩效评级结果，也不会就此完成评估报告，但可以记录下员工同意采取的行动，也可以成为修改或重申目标和提升计划的机会。

不过，虽然绩效评估被称为虚伪的年度例行公事，存在种种缺点，但大多数有绩效管理体系的公司还是会要求管理者每年进行一次——有时可能是两次正式的绩效评估。如果你在这样的公司里工作，下面的内容可以指导你更好地完成绩效评估这份苦差事。

正式的绩效评估

理想情况下，评估的形式应该是双方进行对话，交换彼此的意见和想法，并就将来的发展计划达成协议。这种谈话的重点是分析和评估员工在被考察期间发生的重要事件。绩效评估应该是一种共同性行为，双方都要参与，所以可能会有员工本人的自我评估成分。

会议准备

管理者应该要求员工在会前做好准备——对自己取得的绩效水平加以评估，并列出工作中存在的问题。

作为管理者，你应该参考下面的问题清单，以便做好会议准备。

- 该员工在被评估期间，商定的目标完成得怎么样？
- 上次绩效评估会议中，双方商定的改进方式、发展方向或培训计划执行得如何？
- 在下一个评估期间，应该为该员工设立哪些目标？
- 你是否为该员工完成工作提供了足够的指导或帮助？如果没有，你还能为他提供哪些帮助或指导？

- 员工的专业技术和能力是否得到了充分发挥？
- 员工是否准备好承担更大的责任？
- 员工是否能从更深入的实践中受益？
- 有没有一些特别的项目可以让该员工参与，并有助于其发展？
- 你认为该员工在组织内的职业发展方向是什么？
- 该员工是否需要进一步的培训？

召开绩效评估会议

从某种程度上看，绩效评估是一个总结的过程，是对“我们走到了哪一步”和“我们如何走到这一步”这些问题的回答。但还不只如此，绩效评估不仅是回顾过去，还要进行事后分析。评估的真正目的在于展望未来——员工需要怎样做，才能实现其职位的总体目标，接受新的挑战，更好地展现技术、知识和能力，并不断提升技能，获得更好的职业发展。

如果管理者能做到以下这些方面，就能使绩效评估会议变得更有建设性。

- 鼓励员工多表达——评估的目的应该是进行对话式的交流，而不是被用来“自上而下”发表你对员工的看法。
- 积极地倾听员工的意见。
- 给反思和分析留出足够的空间。
- 分析员工的表现而不是个性——关注员工做了哪些事，而不是他们是什么样的人。

- 应该对整个评估期的工作情况进行评估，而不能只集中在单一或最近的工作事务上。
- 评估内容不应该让员工感到意外——在绩效问题发生的当时就指出并进行处理，而不是等到评估会议上才提出。
- 认可员工取得的成绩，强化员工的优势。
- 和员工讨论工作中的任何问题，以及问题是如何发生的，该怎么处理。
- 与员工共同商定下一步行动计划（总结经验，促进员工发展和提升工作绩效），在积极的氛围中结束绩效评估会议。

处理问题

在绩效评估会议中，管理者需要处理绩效问题。有些问题是正面的，有些则是负面的。处理负面问题通常是直线经理最大的顾虑，因为他们很多人不愿意批评员工。但这不是绩效评估要做的，它不应该被简单地当作一次对过去没有做好的事进行指责的机会。如果出现问题，就应该在问题发生时进行讨论。这并不是说绩效评估会议应该忽略持续的绩效不良。即使具体问题在发生时已经得到了解决，但仍有必要讨论绩效不佳的发生规律。第一步，往往也是最难的一步，是让员工认可自己的工作仍有改进的空间。如果能以关于绩效问题的事实依据作为讨论基础，就能比较好地实现这一步。有些人就是不愿意承认自己的错误，在这种情况下你就可以说："你看，这是事实，我相信这没错。所以恐怕在这些事实基础上，你得接受我的判断，你在这方面的表现确实没有达到要求。”

<<< 思考练习 10.1>>>

召开一次绩效评估会议

管理者在绩效评估会议上应该和员工讨论哪些问题?

<<< 本章小结 >>>

- 确保团队成员全都取得卓越的绩效，即使不是管理者最重要的职责，也是其中之一。
- 很多组织都有正规的绩效管理体系来帮助管理者履行这些职责，但即使没有这种体系，只要你能参考本章的内容开展绩效管理工作，也能够管理和提升团队绩效。
- 绩效管理的发生过程，可参见图10–1所示的一个持续的循环模式。它由四项活动组成：计划、行动、监测和评估。
- 绩效计划的结果是达成绩效协议，为绩效管理提供框架。绩效协议包括设定目标和提升计划。
- 目标的制定——可以与岗位人员就其工作职责达成一致——是绩效管理过程的重要组成部分，它能够明确并管理预期，为绩效评估提供参考依据。
- 目标描述的是必须要完成的事情。目标可以是一个具体的目的，也可以是圆满完成一项任务后所达到的标准。

- 目标应该具有一致性、相关性、精准性、可测量性、可追踪性、可挑战性、可实现性、一致同意性和时间相关性。
- 提升计划表明，员工有必要配合管理者在工作的具体领域完成目标。
- 管理者应该参考与员工共同制定的目标和发展规划，以此来进行绩效监测。
- 在全年的绩效管理过程中，向员工做出反馈是一个重要组成部分。
- 很多组织把正式的绩效评估会议看作管理绩效过程中的一个关键步骤。在绩效评估会议上，管理者有机会给出反馈，听取员工本人对工作的感受，并为制订提升计划奠定基础。但绩效评估会议很难开成功，可能会给管理者和员工都造成压力，甚至让他们产生畏惧心理。近来，不少公司都认为年度评估的危害大于好处，所以代之以更频繁但不那么正式的评估会议，这种会议通常被称为“绩效谈话”。
- 如果管理者能做到以下这些，就能使绩效评估会议变得更有建设性。

  —— 鼓励员工多表达。

  —— 认可员工取得的成绩，强化员工的优势。

  —— 分析员工的表现而不是个性。

  —— 积极倾听员工的意见。

  —— 与员工共同商定提升计划，在积极的氛围中结束绩效评估会议。

第十一章

有效求才

遴选面试的特点
面试内容
为面试做准备
为面试做计划
面试技巧
评估资料

作为一名管理者，你管理员工的另一项重要任务就是为团队中的空缺职位寻找合适的员工。即使有人力资源部门或猎头公司参与招聘，最终决定还是由你做出，或者至少是你和你的上司共同做出的。问题就在于，很多管理者认为自己善于选人，但实际上并非如此。对离职者的调查分析显示，相当大一部分人在入职六个月内就离职了，而近期的一项全国性调查更表明，这个比例大约为五分之一。面试是一个需要技巧的过程，本章的目的就在于，帮助管理者掌握面试这项技能。首先帮你明确遴选面试的特点和内容，然后为你提供准备和计划面试的指导原则与面试技巧，最后教你如何评估面试获得的资料。

遴选面试的特点

一次遴选面试你应该把握以下 3 个基本问题。

- 应聘者能不能胜任这份工作？能不能达到这份工作所要求的标准？
- 应聘者会不会接受这份工作？有没有较强的动力？

- 应聘者融入团队的可能性如何？我能不能和他更好地共事？

面试的形式应该是一次有目的的对话。之所以说面试是一场对话，是因为应聘者应该有机会去畅谈他们自己和他们的事业。但这场对话应该是有计划、被引导并受控制的，这样你才能在有限的时间内达到目的。

作为面试官，你的任务是使应聘者畅所欲言，以便获得你所需要的信息。你应该鼓励应聘者尽量多说话，不称职的面试官最容易犯的错误之一就是自己说的太多。但是你必须计划好面试的步骤来实现目的，并事先确定你要问的问题，才能够让你获得做出精准评估所需要的信息。

总之，有效的面试法可以总结为3C法：

- 内容（content）——你所需要的信息，以及你获取信息要问的问题；
- 交流（contact）——你与应聘者进行良好交流的能力，建立一种融洽氛围并鼓励其畅所欲言，从而充分了解他们的优点和缺点；
- 控制（control）——你控制整个面试过程，并获得所需信息的能力。

这些都要求你对面试的内容、时间、步骤和要问的问题进行详尽的计划。

面试内容

一次面试的内容可以被分解为三个部分：开始、过程和结束。

开始

面试一开始，你应该让应聘者能够放松，以便他们能够坦率地回答你提出的问题。但要是你的提问过于生硬或唐突，就很难使应聘者做到这点。所以，你至少要先对应聘者表示欢迎，感谢他们来参加面试，并真诚地表达你对这次会面感到愉快，但别花太多时间和应聘者谈论他们的交通方式或天气之类的话题。

一些面试官会先讲讲公司和招聘职位的情况。但如果有可能，你最好别在面试时说这些，可以事先把关于公司和职位的简要介绍发给应聘者。

要是不注意，你可能会在这个部分花过多的时间，尤其是后来发现应聘者其实并不适合这个职位的时候。简要地提及正在招聘的职位就足够了，如果有需要，你可以在面试结束时多说几句关于职位的话题。

过程

面试的过程是你获得所需要的有关应聘者信息的重要阶段。所以，面试的中间过程应该至少占到整个面试时间的80%，换句话说，面试的开始占5%，面试的结束占15%。

面试的过程中，你应该按照设计好的问题获得以下信息：

- 应聘者在知识、技巧、能力和个人素质方面与用人标准的匹配程度如何；
- 应聘者以往的工作经验和未来的职业规划如何。

结束

在面试结束时，你应该让应聘者有机会对公司和职位的相关信息提出疑问。在这个环节中，应聘者的表现，通常能让你看出来他们对这个职位的感兴趣程度，以及他们提出恰当问题的能力。

如果你觉得应聘者很不错，你可以在这个环节多聊聊正在招聘的职位，向他们说明这个职位最有吸引力的地方，只要不过分夸大就行。让应聘者对这个职位形成“现实的预期”，了解职位可能具有的缺点，比如需要经常出差或特殊的工作时间要求等。要是应聘者明显不合适，你也可以利用这个机会让他们知难而退，指出这个职位可能不适合他们的地方，或者他们还不够合格的方面。在这个环节，要是应聘者很不错，你应该提出最后几个实用的问题。你可以问清他们什么时候可以入职，以及他们是否已经准备要休假一段时间再开始新工作。

你还应该征得应聘者的同意，从他们的现任和前任雇主那里收集一些参考信息。有些应聘者可能不想让你联系他们的现任雇主，这种情况下，你可以告诉他们，获得他们雇主的推荐是给他们工作机会的前提，请他们务必为你提供可联系的人员的信息。

最后，你要告知应聘者接下来的安排。如果确定最终人选需要一定时间，你应该告诉应聘者你会尽快和他们联系，但可能会过一阵子（不要做出你无法实现的承诺）。

通常，面试结束时就告知应聘者你的决定，并不是一种很好的做法。你应该花点时间考虑他们是否真的合适，而不应该让他们觉得你很草率地做出了决定。

为面试做准备

初步准备

为面试做准备的第一步，是你要熟悉或重新熟悉招聘职位的用人标准，明确你需要的人需要具备哪些资格、经验和个性。建议你在这个阶段准备好可以询问所有应聘者并能够获得你需要的信息的问题。如果对所有人都提出同样的问题，你就可以方便地比较他们的答案的异同。

然后，你应该阅读应聘者的简历和申请表或申请信。这样你就可以明确，你应该针对他们的工作经历或职业空白期提出哪些问题，比如：“职位 C 和职位 D 之间的空白期是怎么回事？”（当然你不要这么直白地提问，你可以说：“我看你从职位 C 离职后，过了 6 个月才开始职位 D 的工作，你能讲讲这期间你都做了些什么吗？”）

时间安排

在做这项准备时，你应该决定好每场面试打算总共花多长时间。通常来说，高级专业人士或技术人员的面试要花 45 到 60 分钟；中等职位大概需要 30 到 45 分钟；更日常化的职位用 20 到 30 分钟就可以了。面试的时间长短与职位有关，但你也不要太敷衍，让应聘者产生不满。

为面试做计划

在计划面试时，你应该想一想要按照什么顺序提问，尤其是在面试的中间过程部分。基本的提问顺序有以下两种。

时间顺序法

时间顺序法是最常用的方法之一，因为它很简单，也符合逻辑。面试的问题可以按照时间先后顺序来提，从应聘者的第一份工作开始，甚至从学习经历，比如学院或大学问起。然后，如果应聘者已有工作经历的话，再按顺序询问他毕业后的工作情况，直到最近一份工作的大部分时间都在做什么——如果他在那个职位工作了相当长的时间的话。但是，要是你不注意，有的人过去的工作经历较多，按时间先后顺序提问可能会在以前的工作经历上花过多的时间，导致没有足够时间去了解他们重要的近期工作经历。

要想克服这个问题，可以采用另一种时间顺序法，就是从应聘者最近的工作经历问起，进行较深入的探讨。然后再从后往前询问应聘者的每条工作经历，但只限与招聘职位相关或非常有趣的以往工作经历。

时间顺序法的问题在于，它是可预知的。有经验的应聘者很熟悉这种方式，已经准备好了回答的内容，因此能够掩饰自己的缺点。而且这种方法也可能不可靠，你很容易会只关注应聘者以往工作的连续性，而忽略他们的经历中能够说明其能力的关键内容，以至遗漏了重要信息。

目标法

这种方法建立在对用人标准进行分析的基础上。你可以从中挑选出能够判断应聘者是否合适的标准，然后在面试中以这些关键标准为选人原则。你也可以决定你需要提出的问题，以便能够从应聘者给出的信息中了解他们的知识、技巧、能力和个人素质，然后与你定的标准做一个比较，评估应聘者在多大程度上符合用人标准。这可能是确保面试重点突出的最好的方法，让你能够获得必要信息，进而将这些信息和用人标准进行比较。目标法可以和时间顺序法结合使用，以确保通过探讨应聘者的工作经验，尤其是其最近的工作经历，能够获得目标信息。

面试技巧

提问

你需要掌握并践行的最重要的面试技巧就是提问。提出恰当的问题并引出具有信息量的回答，这种技巧并不是每个人都能掌握的，但是它是可以通过练习来提高的。要想改进提问技巧，你可以在每次面试结束时反问自己："我提出的问题是不是合适？""我提出问题的方式好不好？""我是否使应聘者能够畅所欲言？"

以下列出了许多不同类型的问题。通过选择合适的问题，你可以让应聘者滔滔不绝，也可以要求应聘者只给你某些具体的信息，或者让应聘者拓展或进一步说明某个回答。你应该掌握的其他技巧包括：营造融洽的氛围，注意倾听，保持谈话的连续性，注意问题的关联性和及时记录。本章后面的内容将对这些方面进行探讨。

主要的问题类型列举如下。

开放性问题

开放性问题是让应聘者开口的最好方式——能让他们多说。开放性问题不能只用是或否来回答，而需要详细解答。因为简短的回答让人很难做出判断，所以你最好在面试一开始就先提出一两个开放性问题，让应聘者进入状态。

引导应聘者做出详细回答的开放性问题可以像下文这样措辞。

- 我想请你谈一谈你在目前的工作岗位上都在做哪些工作。
- 你了解……吗？
- 你能对……举几个例子吗？
- 你觉得你以往的哪些工作经验说明你适合这个职位？

探究性问题

探究性问题可以用来得到更多的细节信息或确保你获知所有的事实。当应聘者的回答太过宽泛或你觉得应聘者可能没有提供足够的相关信息时，你就可以提出探究性问题。应聘者可能会告诉你他做了某件事，而了解应聘者在这件事中具体做出了哪些贡献，这可能对你会更有用。糟糕的面试官可能会放过宽泛的没有信息量的回答，而不进一步询问细节，就是因为他们严格遵照了事先设定好的开放性问题清单。而富有技巧的面试官则能够灵活运用提问方式，既能控制面试在预定时间内结束，又能确保获得需要的信息。

以下是一些探究性问题的示例。

- 你告诉我你在……方面有过经验，那你能不能说说你做了哪些事？
- 你能不能详细讲述一下你使用的设备？
- 对于操作这台机器、设备或电脑，你接受了哪些培训？
- 你认为这件事为什么会发生？

封闭性问题

封闭性问题的目的是明确某个事实。封闭性问题的回答，通常是一个明确的词语或简短的句子。从某种意义上说，一个封闭性问题也能起到探究的作用，但目的只在于获得一个简洁的事实性陈述，而不需要详细解释。当提出封闭性问题时，你可能是为了了解如下一些事项。

- 应聘者做了什么或没做什么——“那你是怎么做的？”
- 某件事为什么发生——“那件事为什么会发生？”
- 某件事何时发生——“那件事什么时候发生的？”
- 某件事如何发生——“那种情况如何出现的？”
- 某件事在哪里发生——“那时你在哪里？”
- 都有谁参与——“还有谁参与？”

能力性问题

能力性问题的目的是明确应聘者了解哪些知识，拥有哪些技能，有能力做哪些事。能力性问题可以是开放性、探究性或封闭性问题，但应该始终尽可能精准地集中于用人标准中关于知识、技巧和能力方面的内容。

你可以提出的能力性问题有如下几种。

- 你对……了解吗？
- 你怎么获得这些知识的？
- 你在工作中需要用到哪些重要技能？
- 你如何向雇主展示你在……方面掌握的技能水平？

无益的问题

有两类问题对面试毫无帮助。

- 多重性问题。比如：“你在工作中用得最多的技能有哪些？是技术能力、领导能力、团队合作能力还是沟通能力？”这类问题只会让应聘者无所适从，你也很可能只能获得不完整的或误导性的回答。所以一次应该只问一个问题。

- 引导性问题，也就是暗示出你期待的答案，这也是无益的。如果你提的问题是："这就是你的看法，对吗？"你得到的回答可能是："对，是的。"如果你问的问题是："我的理解是你并不真的认为……"你得到的回答可能是："没错，我不那么认为。"你从这样的回答中什么也得不到。

应该避免的问题

面试官应该避免可能被理解为对性别、种族、年龄或身体缺陷等方面存有偏见的问题。

10 个有用的问题

以下列出了 10 个在面试中有用的问题，你可以根据需要从中选择使用。

- 在你目前的工作岗位中，最重要的职责有哪些？
- 到目前为止，你认为你职业生涯中取得的最显著的成就有哪些？
- 在你的工作中，你最近成功解决了哪些问题？
- 你从你目前的岗位中学到了什么？
- 你在……方面有哪些经验？
- 你对……方面了解吗？
- 你处理……的方式是什么？
- 你对这个职位最感兴趣的是哪方面？为什么？

- 现在你已经比较了解这个职位了，请你说说你以往工作经历中的哪些方面与此最相关？
- 在本次面试中，你还有哪些我应该有所了解的职业经历没有谈到？

评估资料

如果面试进展顺利，你就应该获得了足够的资料，能够评估应聘者在多大程度上符合用人标准中的每项重要指标。你可以根据评估把应聘者归纳标记为几类：超越标准，完全达到标准，达到最低标准，以及未达到最低标准。

你也可以大体上评估应聘者的主动性，分为：主动性强，有一定主动性和不太有主动性。

你还应该从应聘者的职业经历及了解到的他们工作表现的信息中得出一些结论。即使应聘者换过几次工作，但只要其职业生涯在稳步前进，就是值得肯定的。但如果应聘者没有合理原因就频繁跳槽，而且没有取得进步，你就应该考虑到这个应聘者的稳定性可能较差。

应聘者经历中偶尔的一次挫折不该受到责备——任何人都可能遇到。但如果是经常性行为，你就该加以留意了。应聘者若被裁员过也不算什么耻辱——这种事很常见。

最后，就是一些微妙的问题了，比如你觉得是否能和应聘者愉快共事，以及你认为他或她是否能融入团队。在思考你和某人是否能愉快相处时，你一定要非常谨慎地做出判断。但要是你十分确定你们不投缘，就要相信这种直觉，只要你确定这是基于应聘者在面试中的表现是有充分理由的。不过，你要避免犯面试官常见的一些错误，包括：

- 只根据应聘者某一方面的良好表现就得出结论——“光环效应”（halo effect）；
- 只根据应聘者某一方面的不良表现就得出结论——“犄角效应”（horns effect）；
- 不能理性、客观地权衡应聘者的良好表现及不良表现；
- 理由不够充分时，就得出确定的结论；
- 做出草率或仓促的判断；
- 由于性别、种族、年龄、身体缺陷、信仰、外表、口音、阶层，或者应聘者个人生活经历、环境或职业的某个方面不符合你的预期，而做出带有偏见的判断。

得出结论

把你对每个应聘者做出的评估逐个进行比较。如果某个应聘者在胜任工作的某个关键领域存在不足，他或她就应该被排除。你不能碰运气，你应该在基本符合各项标准的应聘者中做出选择。然后，你再根据应聘者在每项标准中的评分及他们以往的工作经历，得出一个总体的判断——谁最有可能是合适的人选。

最后，你可以根据这个判断在合格的应聘者中做出决定。可能会有一个应聘者特别突出，也可能会有两个或三个。在这种情况下，你必须全面考虑谁最有可能胜任这个职位，融入公司，并有可能在此长期发展。不过，不要因为急于用人就退而求其次，最好再试一次。

记得对你选人的理由和某个应聘者被排除的原因做好记录并妥善保存。这些记录与应聘申请文件都应该至少保留六个月，以免有人质疑你的决定不够公正。

<<< 思考练习 11.1>>>

遴选面试技巧

请列举至少六点面试应聘者时应该牢记的事项。

<<< 本章小结 >>>

- 作为管理者，你管理员工最重要的任务之一，就是为团队中的空缺职位面试应聘者。
- 有效的面试法可以总结为 3C 法：内容——你所需要的信息，以及你获取信息要问的问题；交流——你与应聘者进行良好交流的能力，建立一种融洽氛围并鼓励其畅所欲言，从而能够充分了解他们的优点和缺点；控制——你控制整个面试内容和时间安排的能力。
- 一次面试的内容可以被分解为三个部分：面试一开始，你应该使应聘者感到放松；面试的中间部分，你应该去了解有关应聘者的信息；面试结束时，你要给应聘者机会对职位和公司的相关信息提问。

- 在计划面试时有两个基本方式：时间顺序法，面试的问题以时间先后来排序，从应聘者的第一份工作，甚至更早的学习经历（包括学院和大学）开始问起，然后按顺序谈论接下来的工作经历，最后应该花最长的时间在目前的职位上；目标法，它建立在对用人标准进行分析的基础上。你可以从中挑选出能够判断应聘者是否合适的标准，然后在面试中以这些关键标准为选人原则。
- 你需要掌握并践行的最重要的面试技巧就是提问。通过提问来确定应聘者是否能够胜任并愿意做这项工作，以及是否能融入团队。
- 如果面试进展顺利，你就应该获得了足够的资料，由此能够评估应聘者在多大程度上符合用人标准中的每项重要指标。你可以根据评估把应聘者归纳标记为几类——超越标准，完全达到标准，达到最低标准，未达到最低标准。

第十二章

帮助员工学习和发展

你如何促进员工的学习和发展

作为一名管理者或者团队领导者，你需要让自己部门或团队中的员工具备相应的技术、知识和能力。你可以从组织内部或外部任用有才干的员工，但大多数人对于其岗位仍然有很多东西需要学习。要想提高团队成员的绩效，你不仅要确保他们掌握了必要的基本技能，还必须提升那些技能，使他们在面对新的要求和挑战时能应对自如。

虽然可以采用在线学习（通过电脑、局域网和网络技术提供的学习机会与教学辅导）这类方式和正式的“脱产”培训课程对员工进行培训，但大部分学习是在工作场所中非正式地进行的。你的职责就是确保在你的管辖范围内广泛存在“干中学”的适宜条件和氛围，并且要采取措施帮助员工发展。

你如何促进员工的学习和发展

总体来说，你的职责就是确保你的部门或团队的状态有利于学习，也可以说是创造一种“学习的氛围”。在这种环境下，用实际行动使员工理解学习是有益于个人和团队绩效的，在有需要时提供学习的机会，鼓励自主学习并认可学习是一个持续的过程，人人都可以参与并获益。你的作用是作为领导和表率去培养这种氛围，你或其他人都要提供指导和帮助，来促进员工的学习和发展。要做到这点，你必须了解员工在学习方面的需求，提供入职培训，利用和员工的日常接触为他们提供学习机会，并与员工共同商定学习合约及个人发展规划。你还必须熟悉与学习相关的技术或方法，也就是教练法、导师法和工作指导法。

了解学习需求

你应该清楚，团队中开展各项工作时所要求具备的知识和技能，这样你才能为新的团队成员制订学习计划，并检查现有团队成员具有的水平，了解进一步学习的需求。这应该以岗位职责说明为基础，阐明达到可接受绩效水平所要求的知识和技能。

入职培训

每次迎接团队的新员工时，你就要开始帮助他们进行学习。为此，你要计划好如何使他们获得必要的技能（最好能在学习规范中加以记录），也要为他们提供开展业务的系统性引导和说明，并确保他们能按计划执行。作为管理者，你可能会把入职培训的责任分派给一个团队领导者；作为团队领导者，你可能亲自做这件事（这是最理想的方式），也可能分派给一个团队成员来做。无论采用哪种方式，你都要确信负责入职培训的人具备适当的禀性和技能。这包括之前提到的了解有效学习所需的环境条件，并能够运用之后谈及的教练法、导师法和工作指导法。

持续学习

你每次给团队成员分配任务，就是给他们提供学习的机会。在下达简洁的指令时，你要确保员工完全理解要做哪些事，并具备做这些事的知识和技能。如果有必要的话，你可以让员工说说，他们认为完成这个任务需要知道什么，以及能够做什么。如果你不确定员工具备所有必要的技能，但仍然相信他们在一定的指导或帮助下能够完成任务，那你就要亲自或安排其他人去提供指导或帮助。

当你在必要范围内对员工的工作进展进行监督时（对有些员工，你可以放手让他们自己来；但对经验不足的员工，你可能需要更密切地监督），你可以跟进查看员工是否采用了最佳的工作方法，如果没有，就给员工提供所需要的进一步帮助。但你一定要留意，如果你全部代劳了，员工就什么也没学到。你要给员工机会，让他们自己寻找解决问题的方法，甚至只要不跑偏太多，可以允许员工犯一些错误。

你最好在某件工作刚结束时，就对员工取得的工作成果进行评估。你可以问问员工，他们学到了什么，这有助于他们未来的进步，你也可以问问员工，他们在工作过程中是否发现了自己的不足。这是一个让员工自己制订学习计划的好机会（自主学习），但你也可以参与其中，提供支持。

个人发展规划

个人发展规划是由员工个人在管理者必要的指导、鼓励和帮助下开展的。个人发展规划会让员工明确自己需要采取哪些行动来学习或提高。员工负责制订和执行个人发展规划，但在此过程中需要管理者的支持。

图 12–1 展示了个人发展规划的各个步骤的模型：

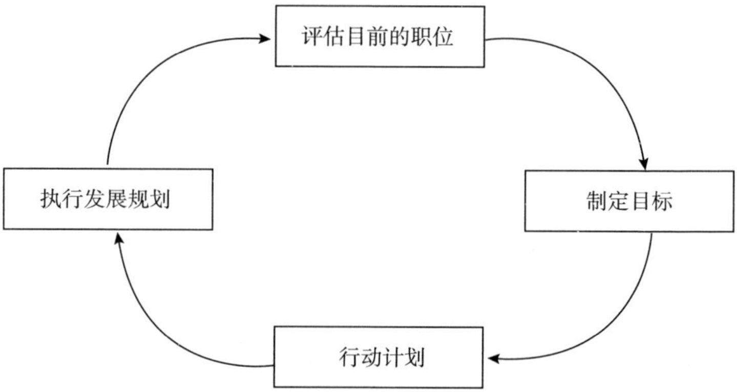

图 12–1 准备和执行个人发展规划的步骤

教练法

教练法是一种一对一帮助员工提升技术和能力的方法。通常由组织内部或外部专注于某一技术或行为领域——比如关于领导力的专家提供。但在工作场所也会出现教练法。作为管理者或团队领导者，你应该随时做好准备并在员工需要学习时去担任教练的角色。

在进行正式或非正式的绩效评估时，可能需要对员工进行教练，但在日常工作中，也可能出现教练的机会。所以，作为日常管理过程的一部分，教练的内容包括：

- 通过向员工提问题的方式促使他们在工作中有所思考，最终让他们并意识到自己的表现如何；
- 可控授权——确保员工不仅知道要做什么，而且了解自己需要掌握哪些知识，以及做什么才能圆满完成任务；使管理者在一开始就有机会提供指导，以免后续工作中临时出现的指导变成一种干涉行为；
- 利用一切能够促进员工学习的机会；
- 鼓励员工着眼于更高层次的问题，并思考可能的处理方式。

要想成功进行教练，你要了解你的职责是帮助员工学习，并确保他们有动力去学习。员工也应该意识到，要想出色地完成工作，他们现有的知识、技能或行动水平是需要得到提高的。所以，员工需要得到你对他们学习方面的指导，以及对他们表现如何的反馈。而且，由于学习是一个主动而非被动的过程，他们应该积极与你互动，而你作为教练则应该以员工的优势和经验为基础发挥建设性作用。

教练可以是非正式进行的，但必须是有计划的。教练法不仅是时不时问问员工的进展如何，并建议他们如何能做得更好；也不是偶尔告诉员工哪里做错了，然后随意置评。更多的是，管理者应该在一项整体计划的框架下开展教练工作，而这份计划涉及员工能够从进一步发展中受益的领域或方向。教练计划能够并应该与绩效协议中制订的个人发展规划相结合。

教练过程中，你应该向员工提供激励措施、教练活动的总体安排和有效的反馈。作为教练，你应该相信员工能够获得成功，并能为自己获得成功而付出努力。以下是格雷（Gray，2010）提出的评估一个教练称职与否的标准：

- 建立融洽的氛围；
- 获得信任和尊重；
- 展示有效的沟通技巧；
- 促进自我意识和自我认知；
- 使用积极的倾听和提问技巧；
- 协助制定和完善目标；
- 激励能力；
- 鼓励以不同的视角看问题；
- 协助判断形势；
- 指明思考和行动的重要模式；
- 提供适当的挑战和支持；
- 促进理解的深度；
- 展示激情；
- 行为符合道德；
- 激发好奇心；

- 发挥表率作用；
- 重视多样性和差异性；
- 促进行动和反思。

导师法

作为管理者，你可能被要求充当导师的角色，而且应该有人告诉你如何做一位导师。导师法是让一个经过专门训练和挑选的人员为分配给他的一个人或几个人提供指导、实用性建议和持续支持的过程，以便帮助这些人的学习和发展。导师法也可以被当作帮助员工学习的一种有别于教练法的方式，相对来说，教练法是采用指令性的方式来提升员工的能力。

而导师法则是在工作中学习，所以是岗位任职人员获得所需的特定技能和知识的最佳方式。导师法也是对正式培训的一种补充，被指导者能够从经验丰富且“谙熟企业内部门道”的管理者身上获得一对一的悉心指导。

导师要为员工提供以下指导：

- 制订个人发展计划或学习计划方面的建议；
- 学习计划中所需的帮助；
- 如何获得从事一项新工作需要的知识和技能方面的指导；
- 个人遇到的任何行政、技术或人员方面问题的处理建议，尤其是在刚入职的那段时间里遇到的问题；
- “在这个公司该怎样做事”的信息，也就是企业文化在行为方式上的体现；

- 某项具体技能的教练；
- 在运作项目方面提供帮助——不是替员工做事，而是为他们指明正确的方向，授人以渔；
- 扮演类似家长的角色，员工可以向你表达渴望和忧虑，而你要耐心倾听他们遇到的问题。

导师要为其指导的人员提供恰到好处的非指令性但具有支持性作用的帮助。因此，他们必须在自己的职责方面受过精心的培训并有深入的了解。

不过，你也可以要求公司内部的某位导师，为你手下的员工提供帮助。

你在你的部门里可以使用的一种导师法是在美国被称为“提供伙伴”的方法，也就是你指派部门或团队里的某个老员工去照顾新员工，为其提供迅速适应新岗位所需要的指导和帮助。

工作指导

在安排员工学习具体的技能时，如果你能使用或安排他们运用工作指导技巧，员工的学习更加高效。工作指导的程序应该包含以下这些步骤。

准备

准备意味着培训者必须对如何展示培训主题，使用恰当的讲授方式及合理使用视觉辅助材料和示范辅助材料做好计划，并且要使被培训者准备好听从指导。被培训者应该渴望学习，而且他们必须认同这次学习与他们个人密切相关并且有益于其职业发展。培训者应该鼓励被培训者对自己的工作感到自豪，并为自己娴熟的技能表现带来的自我满足感到高兴。

演示

演示应该把讲解和展示结合起来——既有解释又有示范。讲解的部分应该尽可能简单直接：培训者简短说明背景及要点，并要尽可能多地使用图表和其他视觉辅助材料。其过程应该是先讲授要点，然后从已知到未知，从简单到复杂，从具象到抽象，从普遍到特殊，从观察到推理，从整体到部分再到整体。

示范

示范是工作指导的一个重要部分，尤其是当讲授的技能是一种操作技能时。示范可以分三个步骤进行：

- 以正常速度展示完整的操作过程，向被培训者展示这项工作实际应该怎样执行；
- 以慢速演示操作过程的正确程序，一个环节接一个环节，清晰地指明怎样做这项工作，以及每一步执行的顺序；
- 再慢速演示至少两到三遍操作过程，以强调如何、何时及为何做这一系列的动作。

然后让学习者模仿指导者，并在后者指导下不断重复操作过程来练习。其目的是使整体工作中的每个环节都达到目标操作水准，但指导者要力争使每个人的表现协调一致，以便把工作中分解的环节顺利结合成一个完整的工作模式。

跟进

在培训过程中，为了使学习者在工作质量、速度及安全规范方面达到要求的水平，培训者需要进行持续的跟进。在跟进的阶段，学习者在特别困难的工作上或排除可能造成整体工作失败的临时性障碍时，需要持续的帮助。指导者可能需要重复演示各个环节，更密切地监督学习者练习，直到被培训者重拾信心或掌握操作技巧。

<<< 思考练习 12.1>>>

管理者可以为员工的学习和发展做哪些事

请列出至少三项管理者为促进员工学习和发展可以做的事。

<<< 本章小结 >>>

- 作为一名管理者或者团队领导者，你需要部门或团队中的员工具备相应的技术、知识和能力。
- 大部分学习是在工作场所中非正式地进行的。
- 你的职责是确保你的部门或团队里的氛围有利于学习。
- 你应该清楚团队中开展各项工作要求具备的知识和技能，这样你才能为新的团队成员制订学习计划，并检查现有团队成员具有的水平，了解进一步学习的需求。

- 你每次给团队成员分配任务，就是给他们提供学习的机会。
- 个人发展规划是由员工个人在管理者必要的指导、鼓励和帮助下开展的。个人发展规划会让员工明确自己需要采取哪些行动来学习或提高。
- 在你每次迎接团队的新员工时，你就要帮助他们进行学习。为此，你要计划如何使他们获得必要的技能（最好能在学习规范中加以记录），也要为他们提供开展业务的系统性引导和说明，并确保他们能按计划执行。
- 教练法是一种一对一帮助员工提升技术和能力的方法。作为日常管理过程的一部分，教练的内容包括：促使员工意识到自己的表现如何，控制授权并利用一切能够促进员工学习的机会，以及鼓励员工着眼于更高层次的问题并思考如何处理。
- 作为管理者，你可能被要求充当导师的角色，并且应该有人告诉你如何做一位导师。
- 导师法是让一个经过专门训练和挑选的人员，为分配给他的一个人或几个人提供指导、实用性建议和持续支持的过程，以便帮助这些人学习和发展。
- 在安排员工学习具体的技能时，尤其涉及操作技能时，如果你能使用或安排某人运用工作指导技巧，他们的学习就会更加高效。工作指导的程序应该包含以下步骤：准备、演示、示范和跟进。

第十三章

奖励员工

薪酬体系
奖励员工的方式
固定职位等级与工资涨幅
薪酬评估
没有薪酬体系时如何管理

员工如果感到被重视就会更加全情投入，也会更乐于合作并做出更多贡献。而当你认可员工取得的成绩，并根据贡献给予奖励时，员工就会感到被重视。尽管很多企业有某种形式的薪酬体系，通常由 HR 部门掌握，但是只有直线经理能够对员工得到怎样的重视施加最大的影响力。企业已有的某种薪酬体系，或者根本上缺乏薪酬体系，都会使直线经理在奖励员工方面承担不同程度的责任。在公共组织或很多公益组织中的管理者，金钱奖励方面的影响力很小，这类组织一般采用与工作年限相关的固定涨幅工资等级，以及职位级别与工资挂钩的工作评估体系。不过，很多小公司或中型公司没有正规的薪酬体系，管理者对薪酬管理有相当大的自主权。

上文提到了“薪酬体系”，如果你在有此类体系的组织里工作，就必须要理解这个术语，本章第一部分就会谈及。无论你的组织是否存在薪酬体系，你用来奖励员工的总体方法都会在本章接下来的部分探讨。之后，本章将提到管理者及团队领导者怎样决定员工的职位等级和工资以及如何在根据绩效和贡献涨工资的薪酬体系内对员工进行薪酬评估。在本章最后一部分，我还将谈及当组织里没有薪酬体系或薪酬体系残缺不全时，管理者应该如何做。

薪酬体系

薪酬体系包括明确的薪酬政策、薪酬实践和操作程序，这些都是作为一个整体被进行组织和管理的。一个完整的薪酬体系是以薪酬政策为基础的，它可以为管理者的决策和行动提供指导方针。比如，一个组织的薪酬政策可能会规定与市场平均水平相当的薪酬水平。薪酬体系本身由一系列的薪酬实践组成，而这些实践包括职位评级和薪酬等级的评定，工资水平的评估，职位和薪酬的结构，根据绩效、贡献或服务年限涨工资的方式，以及养老金制度和病假工资之类的员工福利制度。在不同的组织里，薪酬体系正规化的程度有很大差别。例如，很多企业（根据近期的调查是 60%）都有正规的职位评估体系，但其中大部分仍然或多或少地依赖于非正规的评估方式。与此类似，虽然很多企业都有正规的工资和职位等级体系，但回复调查的企业中有 20% 没有任何这类体系。而绩效工资体系的执行方式更是千差万别。

这表明，要是你想在薪酬体系管理中发挥作用，你首先必须了解它是如何运转的。HR 部门应该会为你讲解公司的薪酬体系，否则，你就要自己找到答案。

奖励员工的方式

你需要了解哪些因素会决定正式或非正式奖励体系的有效性，这些因素能使员工因感到受重视而获得满足感的程度，以及对员工动机和参与度的促进程度。这些因素包含经济和非经济激励手段的使用，以及如何使奖励体系以一种公平、公正、一致和透明的方式运转，以此来奖励员工。

经济和非经济激励手段

经济激励手段包括职务工资（基本工资）、与绩效或贡献相关的报酬（绩效工资）和养老金等福利。我们在第四章就探讨了用经济激励手段作为激励措施的这种方式。要想发挥效力，这类激励手段应该让人感到公平、公正、一致，如果奖励体系能够透明，效果会更好。员工应该也期待自己付出的努力能获得相应的回报——在他们做什么和得到什么，也就是努力和回报之间，必须有一条“清晰可见的路径”。如果奖励体系透明——员工了解奖励体系如何运转及如何影响他们——员工就会更积极地响应经济激励手段。

非经济激励手段在使员工感到受重视方面能够发挥更大的作用，因为这种激励手段受管理者的掌控。预算和公司流程会限制经济激励手段。通过非经济激励手段使员工感到受重视的主要方式有：

- 给予员工表现的机会；
- 通过肯定和“当众表扬”（让其他人知道你有多重视某个员工）的方式，认可员工做出的贡献；
- 赋予员工更大的责任（授权给员工）；

- 为员工提供成长的机会——提供学习的机会，鼓励和支持员工准备并实施个人发展规划，并拓展员工的工作经验（工作扩大化）。

经济和非经济激励手段都很重要。现在很多企业都把二者结合起来，制定出被称为“整体薪酬”（total rewards）的体系。本质上，这说明奖励员工的方式不止金钱一种，整体薪酬中包含了所有促使员工感受到工作价值的元素。对整体薪酬方式最有力的论点，可能就是斯坦福大学教授杰弗里·普费弗（Jeffrey Pfeffer，1998）的论述：

> 创造一种愉快的、有挑战性且具有自主权的工作环境，使员工能够发挥才干，从事有意义的工作，并为此获得肯定，可能是提高员工主动性和绩效更好的方式——尽管创造这样的环境，可能会比采取简单奖励的方式更困难，并且会花费更多时间。

固定职位等级与工资涨幅

如果企业有职位等级和工资体系，那么企业如何对职位进行评级以及确定岗位基本工资，在很大程度上会由职位评估方案和对市场薪酬水平的分析来决定。在这种情况下，你要想影响员工职位薪酬的评定，就得为员工争取在职位评估方案范围内进行职位评级或重新评级的机会，或收集并提交你认为可以支持给某人涨工资的市场薪酬水平方面的信息。

职位评估程序会参照岗位职责说明，因为其强调了这个职位的特点中被用于薪酬体系的因素，比如技能水平要求和承担的责任等。在采用因素计点法（最常用的方法）的薪酬体系中，对于这些因素的判断都将转化为点数，因此每个职位都有相应的得分来确定评级和薪酬。管理者往往试图通过夸大岗位职责说明中设定的职位特点来帮助员工升职加薪，因此犯了给员工“捞分”的错误。这种行为是不可取的，因为这不仅是不诚实的行为，而且会损害薪酬体系的完整性，更有可能在不同职位间造成不公。

管理者应该加以关注的问题之一是保证同工同酬。你的目标应该是保证，无论何种性别、种族、性取向或宗教信仰、是否有身体缺陷、年轻或年长的员工，在从事相似职位时都公平相待。这样做才能避免员工为同工同酬问题与企业打官司，既耗时又耗钱，更重要的是，这样做才是正确的。

薪酬评估

能否为“全体员工”都进行加薪，通常不是直线经理所能控制的。但如果在你的企业的薪酬体系中员工的薪酬与绩效相关，你就会对员工应该得到的奖金额有所影响。过去，直线经理对员工奖金额的决定空间很小，甚至能够产生影响的程度也很有限。现在，直线经理在这方面的责任逐渐有所增加，因此也对其判断力和保持公正一致的能力提出了更高要求。英国的大多数工会都反对绩效工资的原因之一是，他们有理由相信，管理者往往不够公正，而且在参与绩效评估时，管理者会根据薪酬涨幅来评估绩效，因而表现出一定程度的成见和偏袒。一方面，管理者可能给他们喜欢的少数员工较高的薪酬涨幅，而少给或不给其他人奖金来平衡预算，从而破坏了整个薪酬体系。另一方面，管理者也可能为了让每个人或大多数人都得到同样的奖励，而无法对员工的绩效好坏区别对待。

一些企业为了避免出现这类问题，为管理者提供了做出薪酬决定的指导方针和技术支持。通常来说，这类指导方针建议管理者在决定员工薪酬时，应该考虑：

- 员工目前的职位及其在职位工资范围内所处的位置；
- 具有相同或相似职位的员工的薪酬水平；
- 该员工在这个职位上的表现如何；
- 该职位的市场薪酬水平。

很多企业都力图避免根据年度绩效评估中的绩效评级来确定员工的薪酬，很大程度上是因为这样做会与绩效评估的目标背道而驰，因为绩效评估的目的在于提高绩效并为发展计划提供基础。这类企业常常把薪酬评估和绩效评估“分割开”，也就是说二者在一年中的不同时间分别进行，中间可能隔三到四个月。它们甚至可能完全摒弃评级的方式，而只要求管理者根据对员工贡献的评估，以及对潜在的市场薪酬水平和其他团队成员的薪酬水平的了解，来建议给该员工高于平均的、平均的还是低于平均的工资涨幅。企业会为管理者提供系统支持作为帮助。

没有薪酬体系时如何管理

如果你没有正规的薪酬体系或得力的HR部门提供帮助，你可能就得靠自己来决定员工的薪酬。你可能需要得到更高层领导的许可，而且可能有个预算范围要考虑，但在面对你的员工时，你实际上要靠自己。在这种情况下，你应该做到以下的10件事。

管理薪酬体系应做的10件事

- 始终牢记你要在保证内部公平（根据员工的贡献支付报酬）的同时，还要具有外部竞争力（支付的报酬水平能够吸引并留住你需要的员工）。
- 认识到要想协调好薪酬的公平性和竞争力往往是很难的。
- 从可靠来源（市场调查和机构）获取市场薪酬水平的信息，不要依赖招聘广告里的信息。
- 如果你不得不屈服于市场的力量，那么确保你获得的信息是准确的，并且关于市场供给状况的信息具有客观依据。
- 采取措施来确保具有相同价值的工作获得了相同的酬劳。
- 想办法获得为不同的职位设置不同基本工资的客观理由。虽然你不必非得创建出一套自己的职位分析评估体系，但你至少可以根据岗位职责说明来比较不同的职位，指明其在责任、知识和技能水平上的差异。

- 参考市场薪酬水平来确定基本工资，而不要仅仅根据生活成本的增幅。
- 在评估员工薪酬时，要考虑与同事相比，其薪酬水平如何。问问你自己这些问题：该员工与其同事相比是一样好、更好还是更差？根据员工相对的贡献水平为你的团队成员做个排序，给前 15% 左右的员工高于平均水平的薪酬涨幅，给后 15% 左右的员工低于平均水平的薪酬涨幅，给其他人平均水平的薪酬涨幅。
- 考虑除了金钱以外的奖励员工的方式，尤其是认可其贡献的方式。
- 确保你的团队成员了解了你决定他们工资的根据，给他们机会提出他们的意见。

<<< 思考练习 13.1>>>

管理与绩效相关的薪酬

如果你的企业第一次采用与绩效相关的薪酬体系，你该怎么做来确保其成功？

<<< 本章小结 >>>

- 员工如果感到被重视，就会更加全情投入，也会更乐于合作并做出更多贡献。
- 当你认可员工取得的成绩并根据贡献给予奖励时，他们就会感到被重视。
- 薪酬体系包括明确的薪酬政策、薪酬实践和执行程序，是作为一个整体被进行组织和管理的。
- 经济激励手段包括职务工资（基本工资）、与绩效或贡献相关的报酬（绩效工资）和养老金等福利。
- 非经济激励手段在使员工感到受重视方面能够发挥更大的作用，因为这种激励手段受管理者的掌控。非经济激励手段包括认可员工的贡献，给员工表现和成长的机会，以及给员工更大的责任。
- 如果企业有职位等级和工资体系，那么企业如何对职位进行评级和确定岗位基本工资，在很大程度上会由职位评估方案和对市场薪酬水平的分析来决定。如果在你的企业的薪酬体系中，员工的薪酬与绩效相关，你就会对员工应该得到的奖金额有所影响。

第十四章

管理变革

变革的过程
抗拒变革

企业中唯一不变的就是变革。很少有管理者从未面对过新组织结构和新工作方式的引入、工作职责的调整、新管理体系的形成或雇佣条款和形势的变化等挑战。

变革之所以存在挑战，就是因为人们很难接受或适应变革，他们抗拒改变，抗拒任何改变。有些人可以接受变革的需要，但难以调整自己的行为去适应改变；也有些人乐于接受变革，但是只占少数。

作为管理者，你的职责就是在变革发生时确保变革顺利进行。要做到这点，你应该了解变革的过程，员工抗拒变革的原因，如何克服员工的抗拒，以及你可以采取哪些措施引入变革并确保其按计划实施。

变革的过程

从概念上说，变革的过程从意识到需要变革之时就开始了。首先要对当前形势及引起变革的因素进行分析，得出这些因素的特质，进而指明需要采取行动的方向。接着才能明确并估测行动的可能路线，并选择首先要采取的行动，然后就需要决定如何行动了。在过渡状态下管理变革，是变革过程中的关键一步。在这个时期，引入变革产生的问题就会暴露出来，需要进行针对性的处理。这些问题可能包括抗拒变革、缺乏稳定性、压力过大、向错误方向发力、冲突及失去动力等，因此，要尽一切可能，预见到引入变革可能招致的反应甚至是阻碍。

变革的最终阶段，也就是新的构架、系统或程序建立的阶段，可能是非常费力，甚至痛苦的。正如佩蒂格鲁和惠普（Pettigrew & Whipp，1991）所描述的，贯彻变革是一个“反复的、累积的且不断重塑的过程”。

接下来的问题就是如何“维护取得的成果”，也就是如何确保变革能够扎根并继续进行下去。这意味着要持续监控变革的效果和作用，必要时采取纠正行动以确保变革顺利实施。

抗拒变革

变革管理计划必须考虑到很多员工会抗拒变革的事实。总有人会受到变革的鼓舞，认为这是一个挑战或机会，但这样的人毕竟是少数。更多员工很容易因为以下原因之一而不为所动：

- 变革不会起作用；
- 我们已经在变革了；
- 以前试过但不成功；
- 变革不实际；

- 变革不能解决问题；
- 变革太冒险；
- 变革纯粹建立在理论基础上；
- 代价太大；
- 这会引起客户、管理层、工会、工人或投资人的反对；
- 比起解决的问题，变革会制造出更多的问题。

抗拒变革的原因

当员工把变革看作对已有工作生活的威胁时，就会抗拒变革。员工已经习惯了行为的常规和模式，可能会担心没有能力去适应新的需求。他们把变革看作对熟悉的行为模式的一种威胁，认为变革可能会影响他们的地位、安全或收入。有时，员工可能有充足的理由不相信管理层宣称的“变革既有利于企业也有利于员工”。他们可能认为管理层进行变革有不可告人的目的；有时管理层越是言之凿凿，越得不到他们的信任。

克服对变革的抗拒

正因为抗拒变革是一种自然而然甚至无法避免的现象，所以可能很难克服，但管理者还是要努力克服。管理者首先要分析变革可能产生的影响，以及可能招致多大程度的抗拒——谁会抗拒，为什么抗拒。只思考需要做出哪些变革，以及从提出变革建议者的角度计算得失，是不够的。变革触及的其他人，几乎无可避免地会主观缩小变革的收益，而放大变革的代价。所以一定要对需要做出的变革“深思熟虑”，并得出以下问题的答案。

- 变革会改变工作的内容吗？
- 变革会带来新的未知的任务吗？
- 变革会破坏已经建立好的工作方式吗？
- 变革会重新布局团队内的关系吗？
- 变革会减少员工的自主权或权限吗？
- 变革会使员工感到身份降低吗？
- 变革会导致员工失业吗？
- 变革会减少员工收入或其他福利吗？

同时有必要回答这个问题：“变革在促进绩效提升的同时，对员工的收入、地位、工作满足感和职业前景有什么好处？”

对变革的抗拒可能永远无法完全克服，但可以通过员工的参与和沟通来减少。

参与

让员工参与变革的过程，使他们有机会提出顾虑并设法将其消除，以及对变革的形式和如何实施提出建议。让员工参与的目的是给他们“主人翁感”——员工因为参与了变革计划和引入过程，而乐于接受变革——这样变革就变成了员工的变革，员工会愿意接受他们协助创建的东西。

沟通变革计划

管理变革最开始也是最重要的一步，就是建立并和员工沟通未来的清晰图景。对变革产生抗拒和困惑，往往是因为员工对未来的状态会是什么样不够清楚，因此变革的目的变得模糊不清，员工就会根据不实的信息形成不良预期。

在和员工的沟通中，管理者应该说明为什么要进行变革，变革包含哪些方面，如何实施变革，以及他们会受到哪些影响。其目的是通过多种方式为员工提供信息——书面沟通、企业内网，最好能够与员工进行面对面的说明和讨论——从而减轻不必要的恐惧。

管理变革的 10 项指导原则

- 持续贯彻变革需要坚定的决心和富于远见的领导。
- 变革方案应该以令人信服的商业案例为基础，以能够实施变革并获得利益的切实可行的计划为支撑。
- 变革是不可避免的，也是必要的。应该向员工解释变革为什么很重要，以及变革将如何影响每个人。
- 实施变革最有力的工具就是采取需要变革的确凿证据和资料，但是确定需要进行变革比决定如何进行变革要容易得多。
- 员工会支持他们协助创建的东西。如果会受到变革影响的人，都能够尽可能全面地参与变革计划和实施，就会坚定其变革的决心。其目的在于让他们“主导”这场变革，使变革成为他们想要并乐于接受的。

- 变革可能成功也可能失败。必须对失败做好准备，并吸取教训。
- 通过改变程序、结构和系统来改变行为，比改变态度要容易。
- 企业中总有人愿意充当变革的捍卫者，他们乐于接受变革可能带来的挑战和机会，那么管理者就可以选择他们作为变革的代言人。
- 如果员工认为自己的利益将受到或明或暗的损害，就必然会抗拒变革，而对变革管理不当就会导致这种反应。
- 必须尽一切努力保护被变革影响到的人的利益。

<<< 思考练习 14.1>>>

管理变革

假如你必须对你部门的工作方式做出重大变革。现在你的部门里有 25 个员工在负责日常的行政工作，而变革的内容包括引入一套新的计算机系统，并要重新分配部门内的大部分工作，而且变革后会有四五个员工成为多余的人员。

你会如何计划这次变革？

<<< 本章小结 >>>

- 企业中唯一不变的就是变革。
- 变革之所以存在挑战，就是因为人们很难接受或适应变革。
- 企业中唯一不变的就是变革。
- 变革之所以存在挑战，就是因为人们很难接受或适应变革。

- 变革的过程包括：

——意识到需要变革；

——分析变革的特质，并指明需要采取行动的方向；

——明确并估测行动的可能路线，并选择首先要采取的行动；

——决定如何行动（对过渡时期进行管理）；

——实施变革。

- 当员工把变革看作对熟悉的行为模式的一种威胁时，就会抗拒变革，他们认为变革可能会影响自身的地位、安全或收入。
- 对变革的抗拒可能永远无法完全克服，但可以通过员工的参与和沟通来减少一些。

第十五章

管理冲突

处理群体间冲突

处理人际冲突

冲突在组织中是不可避免的，因为组织的运转就是通过对其结构和成员中的竞争性因素做出调整和妥协来实现的。当组织进行变革的时候，冲突就会发生，因为变革可能会被看作一种会受到质疑或抗拒的威胁。当组织遇到挫折的时候，也会出现冲突——可能引发攻击性反应，甚至斗争。

发生冲突也不总是坏事，它可能是由进步和变革引起的，也可能发挥建设性的作用。凡事逆来顺受是一种违背天性、让人心累的行为。工作中应该有关于工作安排和方式的思维碰撞，也应该允许表达不同意见。反对意见应该能开诚布公地提出来，只有这样，才能发现问题并解决矛盾。

有一种冲突被称为创造性冲突——以客观、理性地交换信息和观点为基础，对不同的观点一一进行多角度的审视，能够得到新的或改进的想法、洞见、做事方法和解决方案。但如果冲突是由于人们的个性不合造成的，或者冲突被当作一种不光彩的乱象而需要尽快得到制止，而不是被当作应该认真对待的问题时，就会适得其反。冲突管理解决法是指解决群体间差异和处理员工间人际冲突的方法。

处理群体间冲突

解决群体间的冲突有三项基本原则：和平共处、达成妥协和解决问题。

和平共处

和平共处目的是为了消除分歧，强调共同点。管理者要鼓励员工学会共处，因为工作中存在大量信息、接触和观点交流，而员工也可以在群体间自由调换（比如，在总部和办事处或销售部门和市场部门间调换）。

和平共处是一种令人向往的理想状态，但在很多情况下难以实现。大量证据表明，把员工聚在一起，也不见得能解决冲突。改进沟通方式和技巧可能会奏效，比如由不同等级的管理者传达不同层级的指令，但如果管理层没能讲出员工想听的话，这种方式就没有效果。而且可能还存在一定危险，因为真正的问题被这一刻表面友好的氛围所掩盖，之后会再次显现出来。

达成妥协

这是指通过谈判或讨价还价来解决问题，双方都不能算赢或输。这种分割矛盾的概念，本质上是一种消极行为。这种方法的特征就是不存在“正确”或“最佳”的解决方式，达成妥议是为了调解矛盾，而非解决真正的问题。

解决问题

努力找到问题的真正解决方法，而不只是调解不同观点间的矛盾，这貌似也是自相矛盾的“创造性冲突”能够成立的原因。就提出更好的问题解决方案而言，冲突也有其有益的一面。

如果采用解决问题的方式去解决冲突，就应该由最终实施这些解决方法的人共同承担解决冲突的责任。解决问题的行动顺序为：首先，由相关人员明确问题出在哪里，并同意共同寻找解决方法；其次，由这群人提出备选的解决方案，并讨论各个方案的优缺点；最后，大家就最佳行动路线及如何实施达成一致。

处理人际冲突

处理人际冲突可能比解决群体间冲突更难，无论这种冲突是公开敌对还是暗地较劲，都可能掺杂了强烈的个人感受。但是，人际冲突和群体间冲突一样，是组织中存在的客观现实，很难说是好事还是坏事，它可能是破坏性的，但也可能发挥积极的作用。而处理人际冲突的方式有让步、弱化矛盾、达成妥协、调解和建设性对抗。

让步

对人际冲突的反应可能是某一方做出让步，让对方占据上风，也就是典型的胜负之分。问题虽然被强行解决了，但如果这意味着一方的观点忽略了反对意见，实际上打压了另一方，那就不是最佳的解决方式。胜者可能得意扬扬，但败者则会心有不甘，变得心灰意冷或准备伺机再战，这样冲突虽然暂时得到了平息，但并没有结束。

弱化矛盾

另一种解决方式则是弱化矛盾，假装冲突不存在，而实际上并没有采取行动去解决造成冲突的根本原因。同样，这也是一种不可取的解决方式，问题可能还会再次出现，争斗还会再次发生。

达成妥协

还有一种解决方式是通过讨价还价达成妥协。这意味着冲突双方都准备好获得一些利益并做出一些牺牲，目的是达成双方都可以接受的解决方案。但是，讨价还价涉及各种技巧，而且往往是适得其反的较量，双方常常更纠结于寻找可接受的妥协方案，而不是合理的解决方案。

调解

调解是一种不强调冲突本身，而关注冲突双方如何做出反应的方式。这能让人有机会释放积压的紧张焦虑情绪，并鼓励人思考能解决冲突的新方式，但这种方法不能指明冲突的本质——两个人之间的关系。这也是为什么建设性对抗是解决长期冲突的最佳方式。

建设性对抗

建设性对抗是一种由第三方把冲突双方聚在一起的方式，第三方的作用是帮助建立一种探索性和合作性的氛围。建设性对抗的目的是使冲突双方去理解和探究对方的感受与认知，也是一个产生相互理解，从而达到双赢状态的过程。问题仍然需要面对，不过是在共同分析的基础上和第三方的帮助下，冲突双方对与此形势相关的事实及相关人员实际发生的行为进行探讨。双方的感受都要表达出来，但是要依据具体事件和行为来进行分析，而不是对动机进行推断和猜测。在这个过程中，第三方的角色很关键，也不容易扮演。第三方要使冲突双方对进行讨论的基本原则达成一致，目的是带出事实，并尽量减少敌对行为，还必须监控负面情绪的表达方式，鼓励冲突双方为出现的问题及其原因，做出新的解释，并使他们产生达成一致的解决方案的愿望。第三方必须避免支持冲突中的某一方或看上去支持某一方，其应该采取以下这些调解方法：

- 积极地倾听；
- 边听边观察；
- 通过提出恰当的开放性问题，帮助人们理解并明确冲突中出现的问题；
- 承认他人的感受，并允许表达；
- 帮助人们自己解决问题；
- 鼓励人们探索备选的解决方案；

- 使人们自己制订出解决问题的执行方案，但在必要时提供建议和帮助。

最后，正如以上所述，冲突本身不是最可怕的：它是一种在进步和变革过程中不可避免的产物。令人遗憾的则是，人们常常并不能对冲突加以建设性的利用。有效地解决问题和建设性冲突都能消除冲突，并开启讨论和协作行动的渠道。

<<<思考练习 15.1>>>

管理冲突

你的部门里有两个团队领导者，对于谁应该负责部门工作中特别有趣并能出成绩的一项工作，他们存在强烈的不同意见。他们各自都认为这项工作属于他们的职责范围，并且他们和他们的团队最适合做这项工作。这场争论变得越来越激烈和尖锐，而两个领导者个性都很强，都很难做出让步。尽管你觉得双方的理由都很充分，但对怎样做才最好有自己的看法。不过这两个团队领导者是你部门里非常有价值的员工，除非迫不得已，你不希望通过强加的解决方案去打击他们的情绪。

你该怎么处理这种情形？

<<< 本章小结 >>>

- 冲突在组织中是不可避免的，因为组织运转就需要不断对其结构和成员中的竞争性因素做出调整和妥协。
- 解决群体间的冲突有三项基本原则：和平共处、达成妥协和解决问题。
- 处理人际冲突的方式有让步、弱化矛盾、达成妥协、调解和建设性对抗。

第十六章

处理人员问题

纪律性问题
处理消极怠工
处理绩效欠佳的员工
处理缺勤问题
处理迟到早退
进行具有挑战性的谈话

只要你管理员工，就会遇到人员问题。人员问题肯定会出现，而你就是需要在场进行处理的那个人。你可以用来解决人员问题的基本方法有以下四种。

- 了解事实。问题是什么，你要有准确的理解，为此，你要确保自己掌握所有相关的信息或依据。
- 权衡并决策。分析你得到的事实，从而找出产生问题的原因，而且要考虑问题的各种可能解决方式，并决定哪种解决方式可能是最成功的。
- 采取行动。做出决定后，就计划你要怎么做，并设定目标和成功的标准，然后实施你的计划。
- 检查结果。监控计划的实施过程，确保实现了预期的结果。

本章涉及的最常见的人员问题包括：

- 纪律性问题；
- 消极怠工；
- 业绩不良；
- 缺勤；

- 迟到早退；
- 进行有挑战性的谈话。

纪律性问题

雇员可能会因为能力不足或行为不当而被解雇。通过正式的包含分级警告的纪律处分程序解雇员工很正常，但如果员工做出了严重的不当行为（如重大盗窃行为），立即开除也属正当行为，这类严重的不当行为应该在公司的纪律处分程序或员工手册中有所说明。但是在英国，如果雇主不能提出适当的解雇理由，如果解雇行为在当时的形势下是不合理的，如果采取了迫使员工离职的变相解雇，如果没有正当理由而违背了惯例或协商好的裁员程序，任何入职两年以上的员工就都可以指控雇主做出了不公平的解雇。

即使雇主能够向劳动法庭证实有适当的理由解雇该员工，劳动法庭仍然需要裁决雇主在解雇员工时是否处理得当。确定解雇行为是否“得当”，要看此举符不符合自然正义原则，主要内容如下：

- 员工应该被告知解雇理由；
- 员工应该有机会做出申辩；
- 员工应该有机会做出改进，除非是员工极度不称职或有严重不当行为；
- 员工应该事先得到警告，如果达不到明确规定的改进标准再被解雇；

- 雇主做出解雇的决定应该具有充分的依据；
- 雇主应该考虑到任何可以对员工减轻责罚的因素；
- 员工的罪责或不当行为必须严重到只能被解雇，而不能只受到其他更轻的责罚。

你所在的组织可能有成体系的记录处分程序，你需要了解这些程序，以及你可能需要执行其中的哪些部分。无论组织中是否有正规的纪律处分程序，只要你确信需要采取纪律处分，你就要在计划和执行员工纪律性评估时采取以下步骤：

- 提前了解所有事实，包括所有相关人员的陈述；
- 以书面形式邀请员工参与评估会并解释开会原因，而且员工有权利找人代替他们出席会议；
- 确保员工有足够的时间做准备（至少提前两天通知）；
- 计划好你要如何主持会议；
- 邀请另一位管理层成员和你一起参加会议，帮你做记录（这在员工将来上诉时会很重要）并提供必要的支持；
- 会议一开始就提出对该员工的指控并列举依据；
- 给员工充足的时间来做出回应和说明情况；
- 必要时中场休息，以便思考会上提出的观点并缓解压力；
- 如果需要采取纪律处分，思考什么样的处分是适当的。处分应该分阶段进行，首先是书面警告，然后，在第一次书面警告后如果问题依旧，就给出最终书面警告，最后，如果前几个阶段的纪律处分都没有起到效果，情况严重的就要采取解雇行为了；

- 向员工宣布决定并解释做出这个决定的原因，而且要让员工书面确认。

如果记录处分程序的所有步骤都走完了，仍然必须解雇该员工，或者由于出现严重的不当行为需要立即开除该员工，你可能就得承担这个令人不快的解雇员工的任务了。同样，你做这件事的时候，应该有个同事或 HR 部门人员和你一起。你应该：

- 如果可能，在办公室比较安静时做这件事，最好是星期五；
- 使会议既正式又有条理；
- 提前写下你要说的话并陈述解雇理由，使你提到的事实、日期和数字都正确无误；
- 态度礼貌而坚决——讲出你写下的话并说明没有讨论的空间；
- 确保该员工清理了其办公桌，并且没有机会带走公司的机密资料或者再次使用电脑；
- 看着员工离开办公场所——有些公司让保安监控，但这有点太夸张，当然在必要情况下能叫到人帮忙还是很有用的。

处理消极怠工

你可能时不时会碰到团队成员消极怠工的情况。消极怠工的表现方式可能是对工作缺乏兴趣，不愿意配合你或其他员工的工作，抱怨工作不好干或工作条件不好，对合理安排的工作怨声载道，以及强烈反对被安排做额外的工作（甚至直接拒绝）——“这不是我职责范围内的”——或者，在极端情况下，对人傲慢无礼。表现出消极怠工的员工可能只是悄悄地怨愤，而不是公开作对，他们常常在会议上小声嘀咕，而且缺乏工作热情。

作为管理者，你可以容忍一定限度的消极怠工，只要这个员工的工作还说得过去，而且没有影响到其他员工。你可以自我安慰：“林子大了，什么鸟都有……”并且将就点就行了。不过，你可能会在评估会议上平静地讲出：“你工作做得还可以，但是……”要是你真这么做，你就得明确表达，并且必须说出实例。只做出宽泛的指责并没好处，要么会被听者公开驳斥，要么会被他记在心里，更加心怀怨气。

如果员工消极怠工导致其绩效不佳并损害了团队的利益，你就必须采取行动了。消极的人可能表面上很安静，但他们往往对某些事很气愤，他们消极怠工就是表达怒气的最容易的方式。要想处理这个问题，就有必要弄清楚是什么让他们感到气愤。

消极怠工的原因

消极怠工的原因有很多，可能包括以下列出的某一条或数条：

- 你或某个同事做出的怠慢行为或被认为是怠慢的行为；
- 感觉被利用了；
- 员工认为自己做出的贡献没有得到认可，也没得到应有的酬劳或升职的回报；
- 因为你或某个同事做出了不公正的评判，从而心生不满；
- 认为自己提出的合理要求（比如休假或调岗）被拒绝或者由于受到了不公正的指责，从而对你或公司心怀怨气。

处理这类问题

正是因为消极怠工可能是各种各样的真实的或想象出的原因造成的，所以处理消极怠工变成你不得不完成的最艰难的任务。如果你采取的行动不够细致、恰当，反而只会强化消极怠工。最终，你可能因而不得不采取纪律处分程序，而这是你的最后一招了。

在某种意义上讲，处理消极怠工的一种具体表现更容易，当场就可以解决，但如果问题在于总体工作态度，而不是某个具体行为上，就很难处理了。这种情况下可能没有足够的证据，比如，当你责备员工不积极或不配合时，他们很容易否认并指责你偏心，而他们的消极怠工可能会愈演愈烈。

如果你不得不处理这类问题，最好在问题出现时就做出处理，而不是等到正式的绩效评估时。

你与员工的讨论应该有如下三个明确的目标。

- 与员工讨论出现的情形，目的是使员工能够自己意识到他们正在消极怠工。如果他们自己意识不到，那目标就是让他们注意到，你认为他们的行为在某个方面是不可接受的。
- 如果可能，找到员工消极怠工的原因。
- 与员工讨论他们可以采取哪些行动来表现得更积极，也可反思你或公司怎样做才能消除员工消极怠工的原因。

讨论问题

一开始，你可以先询问员工，他们对自己的工作感觉如何。他们工作中遇到任何问题了吗？他们对你或同事给出的支持是否满意？他们是否正在发挥最大能力并且感到满足？

你会发现这个概括性的开场为接下来的两个步骤提供了基础——明确消极怠工的原因并找到解决方法。如果能鼓励员工自己发现问题是最好的，但在很多甚至大多数情况下，这是不可能发生的。员工可能并没有意识到他们表现消极，或者没有准备好承认这点。

那么你就得开始谈论这个问题。你可以开诚布公地告诉员工：你为他们情绪不高而担心，你希望知道他们是否觉得你或公司对他们不够公平，而你想采取措施纠正这种不公。你也要给员工时间来说出他们的想法，然后你要给出合理的反应，并处理造成员工不满的具体问题。如果员工对你做出的解释感到不满意，你可以说他们将有机会与更高的管理者探讨这个问题，以此表明你承认你的评判不是最终的。

如果你开了头以后，员工并没有对你发现的问题做出坦率的表达，你就得向员工进一步说明他的行为何以让人感到消极。描述员工行为时要尽可能具体，举出实际发生的例子，比如，你可以用这些问题来作为讨论的开场："你还记得昨天的团队会议吗？""你觉得会开得怎么样？""你觉得你为解决这个问题做出了哪些贡献？""你还记得你说过……吗？""你觉得你的那个意见有帮助吗？""如果我告诉你，我觉得你在……方面并没有起到好的作用，你同意吗？"

当然，就算你采取了这些小心谨慎的方式，员工还是有可能否认他们的行为有任何不当之处。如果进了这个死胡同，你就没有其他选择，只能直接向员工说明，你认为他们哪里做得不对。不过，你还是要用积极的方式来表达："那么我想就只能由我来向你说明，你要是能……就会（在会议上）做出更多有益的贡献。"

确认原因

如果员工消极怠工，是因为你、同事或公司做出的真实的或他自以为的不当行为，那你就得让他尽可能准确的加以说明。这时，你的任务就是倾听，而不是评判。员工对感觉受到冷落和真的被冷落会一样气愤，你必须先弄清楚员工对这个问题的真实感受，然后才能解决问题。

在你和员工的沟通中，你可能会发现员工的问题与你或公司都无关，而是因为家庭、健康或经济方面的问题。如果是这种情况，你就要表现出同情心，也可以针对其问题给出建议，比如让员工去做心理咨询或告知公司内部或外部可能提供的实用帮助。

如果问题就是出自你、同事或公司，你就要弄清楚来龙去脉并做出补救措施，或者向员工解释实际发生的情况。

采取补救措施

如果问题出在员工自己身上，那目标当然就是使他们自己认识到需要采取行动来进行纠正，以及在你的必要帮助下，他们需要怎么做。在这种情况下，你可能要建议员工去做心理咨询，或从其他途径获取帮助，但是你要谨慎，不要让员工感到他们出了问题。你只要对员工说，你的建议也许可以帮到他们就行了，不要再深入解释，要让员工觉得他们不一定需要帮助，但是有人帮助会更好。你最好不要自己给员工进行心理咨询，还是让专业人士来做更好。

如果解决问题涉及的各方要采取某些行动，那么原则就是各方都要行动起来处理问题："这是我能做的""这是公司能做的""你觉得你应该怎么做"。如果员工不回答你最后这个问题，那你就得说明你认为他们应该采取的行动，你的说明越具体越好，还要尽量以建议的形式来表达你的观点，而不是命令。双方共同努力是解决问题的最佳方式。

管理消极怠工的 10 种方式

- 确定员工表现出的消极怠工行为属于哪一类，并记录下其行为的实例。
- 尽快和员工讨论其行为，目的在于对这种行为本身及其造成的影响达成一致。
- 如果不能达成一致，就对员工的行为举出实例，并说明你认为这些是消极怠工的原因。
- 对此加以讨论，并尽可能共同找出消极怠工的原因，包括员工本身、你自己和企业造成的消极怠工。
- 与员工讨论并共同找出可能的解决方法，包括员工本身、你或企业能够采取的行动。
- 监控采取的行动和获得的成果。
- 如果员工消极怠工的行为没有得到改善，并且严重影响了员工自身和团队的表现，你就要采用纪律处分程序。
- 从口头警告开始，向员工说明其行为在哪些方面必须加以改进并给出时限，如有必要则提供进一步的支持和帮助。
- 如果员工仍然没有改进，就提出正式警告，尽可能明确指出在一定时限内必须达到的标准，并说明公司可能采取的纪律处分。
- 如果员工的消极怠工行为仍然继续并持续严重影响了绩效，就实施纪律处分。

处理绩效欠佳的员工

在你的团队中，很可能有一些人绩效欠佳。如果有，你该怎么办呢？重要的是，你得指出存在的问题，了解问题出现的原因，决定如何解决问题并实施解决方案。

员工绩效欠佳可能出于个人原因，也可能是因为领导不力或工作机制的问题。如果是出于个人原因，则可能是因为该员工：

- 做不到——能力问题；
- 不知道怎么做——技巧问题；
- 不愿意做——态度问题；
- 没有全面理解他们要实现的目标。

管理者领导力不足可能会导致员工绩效欠佳。明确工作目标及员工需要具备的技术水平和能力，是管理者应尽的职责，如果员工不了解自己需要做哪些工作，那很可能要怪管理者的工作没做到位。

工作体系也会影响员工绩效。如果工作体系被计划和组织得不好，或运转不良，那么最终绩效欠佳就不能怪员工了，这就是管理层的问题，管理层必须纠正错误。

如果员工绩效欠佳不是因为领导不力或工作体系的问题，你就可以采取以下 10 个步骤来处理绩效欠佳的员工。

管理绩效欠佳员工的 10 个步骤

- 确定员工在哪些方面绩效欠佳——要具体。
- 明确绩效欠佳的原因。
- 与员工共同商定需要采取的行动。
- 确保能提供使行动顺利开展所需要的支持（教练、培训、其他资源等）。
- 监控行动的过程并给予反馈。
- 必要时提供额外的指导。
- 如果绩效不佳持续存在，就要准确说明需要做出哪些改进，并提出非正式警告，告知员工如果在某个期限内没有实现改进，将受到纪律处分。
- 如果员工没有改进，考虑给其换岗。
- 如果不能换岗，也没有改进，就要对员工提出书面警告，告知其如果绩效持续不达标，他将可能被解雇。
- 如果仍然没有任何改进，就采取必要措施，解雇员工。

处理缺勤问题

你必须面对的一个常见的人员问题就是缺勤现象。英国特许人事发展协会（Chartered Institute of Personnel and Development，缩写为 CIPD）所做的一项调查显示，每个雇员平均每年缺勤 7.7 天（CIPD，2015）。你所在的企业应该有企业内员工缺勤的统计数据，如果你部门内员工的缺勤时间低于企业平均数，或者虽然缺乏企业相关信息，但低于全国平均数，你也不要自鸣得意。你应该继续观察员工的缺勤情况，看谁的缺勤率高于平均数，以及为什么。要是你部门内的缺勤率远远高于平均标准，你可能就得采取更直接的行动了，比如和缺勤率高的员工进行谈话，了解他们缺勤的原因，尤其是在他们没有旁证的时候。你也可能需要处理经常性短期（一两天）缺勤和长期病假缺勤的情况。

经常性短期缺勤

对于经常性短期缺勤的员工，处理起来可能有难度，这是因为可能很难确定偶尔缺勤是否会造成问题，或缺勤是否有正当理由，比如出于健康原因。

那么，你该怎么办呢？很多企业为管理者提供了指导方针，规定了需要采取行动的“触发点”（多少次缺勤需要进行干预），这多半是基于对短期缺勤发生率的分析及哪种缺勤程度可以被接受（一些考勤软件可以使管理者通过自助系统直接生成员工考勤的数据和分析）。如果你所在的企业没有这方面的指导方针，可能的话，你可以询问 HR 专家。要是这些资源都不具备，你可能需要把问题提交到更高管理层，并寻求劳动法专家的意见。

但是，也有可能，这些途径都走不通，你必须自己做出决定并采取行动。要是员工总是每隔一个月就缺勤一天，也许不算太严重的问题，除非他总是在周一（周末过后）或周五（周末之前）缺勤，你就可能需要和那个员工谈谈，不是为了做出警告，只是让员工知道你注意到了他的行为。员工可能是出于健康原因或其他合理的理由才缺勤，你只要和员工面对面谈谈，了解他为什么缺勤，并给他充分的机会做出说明就行了。

如果员工继续缺勤，你可以召开一次缺勤评估会议。虽然这个会比复工评估更全面，但在此阶段，还不应该被当作纪律处分程序的一部分，会议应该是积极的、有建设性的。如果员工缺勤是出于健康问题，你可以询问员工目前的治疗方案，并在必要时提出与其医生沟通。或者，如果缺勤是由于家里孩子或老人的问题，你要表现出同情心，但要和员工理性探讨怎样做才能减少问题，如果可能，你也可以同意为员工安排弹性的工作时间。会议的目的是让员工尽可能开诚布公地说出影响其出勤的原因，并共同商讨建设性的解决方式。

如果召开了出勤评估会议，并且如你所愿，与员工就如何减少缺勤达成了一致。但员工仍然持续短期缺勤，并且没有合理解释，那你就要再召开一个会议，在会上强调员工按时工作的义务。根据具体情况（具体事例具体分析），你可以对员工提出一些积极的支持方案，并说明你希望在这些支持下，该员工的缺勤情况在一定时限内（一个改善期）可以得到改善。如果没有实现你的预期，该员工将受到更加正式的纪律处分。

处理长期缺勤

处理长期缺勤问题可能很棘手，其目的应该是帮助员工在最早的合理时间返回工作岗位，并做好准备。在极端情况下，员工可能无法复工。如果员工无法复工，在做出以下努力后，可以因能力问题解雇该员工：

- 该员工在每个阶段都得到了询问；
- 与该员工保持联系——只要你不迫使员工在其准备好之前就返回岗位，保持联系就是你所能采取的有效措施；
- 已经请该员工的医生提出了适当的医学建议，前提是获得了该员工的许可，并且该员工有权利查看医生的报告，如果可能，最好同时再咨询另一位医学顾问；
- 已经采取了一切可能措施来帮助该员工返回工作岗位，并已考虑了所有调岗的可能方案。

只有满足以上所有条件，才能做出解雇该员工的决定。这个决定不容易做出。如果可能，你应该在做出决定前，寻求 HR 人员或劳动法专家的帮助。

处理迟到早退

如果员工总是迟到早退，你对其做出非正式警告一般是毫无作用的，你可能就得被迫采取纪律处分程序了。如果迟到早退行为仍然持续，你可以采取一系列措施，从口头警告记录，到书面警告，再到最终警告。如果最终警告仍然无效，你就得采取纪律处分了，在严重情况下，可以解雇该员工。

注意，在你做出最终警告时，有个难题就是需要对改善迟到早退行为给出时限，也就是一个改善期的确切日期。如果在那个日期前，员工的迟到早退行为确实有所改善，并消除了该员工以往的不良记录，那么当该员工再次出现迟到早退行为时，就得从头开始实施纪律处分程序了。但是，有些人天生就很难持续长期按时上下班，并常常会发生迟到早退行为，在这种情况下，你还必须一遍又一遍重复警告程序吗？答案应该是否定的。对此，最好的方式就是，避免给出一个做出最终警告的确切日期，以免使员工认为在此日期前做出改进就能“既往不咎”。反之，你只要在警告时说明会定期评估员工是否按时上下班就行了，如果到时没有改进，就可能会采取纪律处分；如果有所改进，则暂时不采取措施。但要警告该员工，如果再犯，纪律处分程序将会加速进行，可能直接进行最终警告，或者缩短做出警告和评估日期之间的时间。要是迟到早退行为仍然持续，总会达到一个时间点，你可以对员工说“够了”并开始采取纪律处分。

进行具有挑战性的谈话

很多管理者发现和员工开会或谈话时，讨论绩效问题并不容易。事前这可能显得很难办，而实际上这也相当具有挑战性，尤其是当管理者希望员工做出改变或提升业绩时。如果当管理者担心的不愉快的情形出现了，比如员工不配合或公然反对，或者虽然管理者力图避免，但实际上还是发生了这种情况时，就更难办了。以下是对管理者进行这类有挑战性的谈话所给出的 12 点建议。

- 不要等到召开正式会议时才进行谈话，在出现问题时就和员工平静地谈谈。
- 提前了解事实——到底发生了什么，什么时间发生的，以及为何发生?
- 以事实和对员工的了解为依据，计划这次谈话，并明确要达到的目的。
- 在谈话开始就确定适当的基调——采取冷静的、平缓的、慎重而友好的方式表达。
- 在谈话一开始，先解释谈话的目的，对员工说明问题在哪里并举出具体事例。
- 对事不对人。
- 请员工做出解释，提出中肯的问题以便对方澄清事实并进行探讨。
- 允许员工尽情表达并耐心倾听。
- 保持开放的心态，不要急于做出结论。
- 理解员工的立场及任何情有可原的情形。
- 请员工对如何解决问题提出建议并讨论这些方案的可行性。如果可能，对那些需要员工、管理者或双方采取的行动达成一致。
- 如果不能达成一致，管理者可能需要决定下一步怎么做并给出理由——毕竟这是管理者的职责!

<<<思考练习 16.1>>>

遇到具有挑战性的情形：你会怎么做

过去三周里，你团队中的一个成员在按时上下班方面出现了严重的问题，并且比团队中的其他成员差很多。以下是你在这种情况下需要采取的一些典型的行动或需要处理的一些典型问题。	请选出你认为最合适的表达方式，并写下任何你觉得比以下列出的更好的方式。
1. 你打算和员工谈谈这个问题。	你会说： （a）到我办公室来，现在就来！ （b）我想和你讨论一些事，我觉得有助于我们更好地一起工作。 （c）我们得谈谈你迟到早退的问题，请今天下午 4 点来见我。 （d）我想和你谈谈你迟到早退的问题，今天上午 11 点，咱们一起喝杯咖啡聊聊吧。
2. 你来做谈话开场白。	你会说： （a）你不像以前那么按时上下班了，有什么原因吗？ （b）我这里有你的出勤记录，记录很糟，对此你打算怎么办？ （c）我之前和你提过，我想和你讨论一下你迟到早退的问题。你觉得你和……相比如何？ （d）谢谢你来找我。你知道，这次谈话是关于你的迟到早退问题的，所以咱们先一起来看看你的出勤记录好不好？

3. 员工承认自己有问题，但给出的解释你认为并不充分。	你会说： （a）我不确定我是否真的明白了这个问题，你能再多说说吗？ （b）我想我理解你所处的情形，但是咱们得一起商量出解决办法。 （c）我不认为这个理由足够充分，这不能作为借口。 （d）我能理解你的问题，但是你打算怎么处理呢？目前这种情况是不能再继续下去了。
4. 受到你对其出勤记录的质疑，并且不接受解释，该员工再度闷不作声了。	你会说： （a）你这样做没有好处，我们得继续谈。 （b）我不知道你为什么不说话了，出什么问题了吗？ （c）我们好像进了个死胡同，那我会再重申一遍我看到的问题，如果你能做出回应，那就太好了。 （d）我对你的解释不太满意，你能再详细说一遍吗？
5. 员工开始否认，说他工作很努力还经常加班，偶尔迟到有什么关系呢？	你会说： （a）事实说明一切。 （b）你是想告诉我你有特权，可以随心所欲地开始和结束工作吗？ （c）我很欣赏你努力尽责地工作，但是你觉得要是人人都随心所欲，我还能管好这个部门吗？ （d）我们看事实说话行不行？你和其他人一样，都应该按时上下班，你有什么正当理由表明你可以特殊吗？
6. 员工恼羞成怒，开始大喊大叫。	你会说： （a）我不能容忍这种行为，等你平静下来咱们再谈。 （b）冷静下来，亲爱的！ （c）看来咱们都需要冷静一下，让咱们都思考一下今天的谈话，明天再接着谈。 （d）我理解你很在意这种情况，但是既然出了问题，咱们就需要冷静地讨论出最好的解决方法。

<<< 本章小结 >>>

- 只要你管理员工，就会遇到人员问题。人员问题肯定会出现，而你就是需要在场处理此类问题的那个人。你可以用来解决人员问题的基本方法有：了解事实，权衡并决策，采取行动，以及检查结果。
- 员工可能会因为能力不足或行为不当而被解雇。通过正式的包含分级警告的纪律处分程序解雇员工很正常，但如果员工做出严重的不当行为（如重大盗窃行为），立即开除也属正常。
- 如果员工消极怠工导致其绩效不佳并损害了团队的利益，你就必须采取行动了。对消极怠工的具体表现当场就可以做出处理，但如果问题出在总体的工作态度上，最好在其出现时就加以处理，而不是拖到年度绩效评估会上才进行讨论。
- 对于员工持续缺勤，你可以先召开评估会议，来和员工讨论缺勤的原因，并共同商定怎样进行改进。你要说明你期望缺勤情况在某个具体时间点之前（改善期）能够得以改善，否则，员工就会受到正式的纪律处分。
- 如果你面对的是员工长期迟到的问题，而且你对员工做出的非正式警告也毫无效果，你可能就得被迫采取纪律处分程序。如果员工仍然不能按时上下班，就要进行一系列处分措施，包括口头警告、书面警告和最终书面警告。如果最终警告仍然不奏效，就得采取纪律处分并在严重情况下解雇该员工。

- 很多管理者发现和员工开会或谈话时，讨论绩效问题并不容易。事前可能显得很难办，而实际上这也确实相当具有挑战性，尤其是当管理者希望员工做出改变或提升业绩时。本章最后一部分，对管理者进行这类有挑战性的谈话给出了12点建议。

附　录

思考练习参考答案

思考练习 1.1

管理者素质

管理者应该具备的基本素质包括：

- 实现目标的能力；
- 分析问题、解决问题和做出决策的技巧；
- 主动性（积极采取行动）；
- 创造力、亲和力与领导力，以及团队合作和客户服务等方面的能力；
- 相关的专业技术知识；
- 沉着冷静；
- 沟通技巧；
- 自知之明。

思考练习 2.1

尊重员工

- 把员工作为个体来对待，理解他们各自的顾虑，而不是以同样的方式对待所有人；
- 识别员工个人的品质，表彰他们的贡献，使他们感到被重视；
- 对待员工谦逊得体，不公开贬低员工，也不欺压员工；
- 时刻表现得彬彬有礼，即使是在惩戒员工或做出纪律处分时；
- 把员工当作对恰当鼓励会积极回应的同事，而不是可以呼来喝去的随从；
- 倾听员工的意见，你虽然不必总是同意他们的观点，但如果反对，也要委婉地表达；
- 理解员工的不满情绪，及时、充分并同情地做出回应；
- 在理由充分的情况下严格对待员工，但要始终如一地公正。

思考练习 3.1

评估你的领导技能

如果你的得分为：

- 35 分或以上，你是一位杰出的领导者，你没有太多需要改进的地方了；
- 30–34 分，你是一位很好的领导者，不过你在两到三个方面，还可以做得更好；

- 25–29 分，你是一位还不错的领导者，但还有很多方面，你可以加以改进；
- 20–24 分，你是一位低于平均水平的领导者，在很多方面都需要提高；
- 19 分或以下，你还不是一位合格的领导者，还有许多需要学习和改进的地方。

思考练习 4.1

关于动机你了解多少

1. 所有选项都正确，但是做出最全面定义的是选项（d）。

2. 最佳选项是（a），当工作给个人带来满足感时，就会产生内在动机。（b）不正确，因为内在动机与工作有关，而与个性无关。（c）太笼统了，有时内在动机需要和外在动机共同发挥作用，尤其是在以认可员工成就的形式出现时。（d）不正确，虽然有一定道理，但不够全面。

3. 较好的选项是（b），如其表述的，外在动机由外部奖励形成，比如绩效工资和表彰。（a）已经被很多研究项目证明是错误的。（c）只有部分正确，还有其他方式可以形成外在动机，比如认可。（d）有一定道理，但作为定义不够具体。

4.（b）清楚地表述了什么是动机，就是去寻找那个实现后就可以满足某种需要的目标。（a）正确地说明了主动性高的员工可能表现更佳，但对动机最好的定义是人们去实现目标的方向，而不仅是获得的结果。（c）明显错误，奖励或处罚（“胡萝卜加大棒”方式）

是用来激励员工的一种方法，但不会长期有效。（d）错误，在激励过程的这个节点，不一定要对需求进行重新评估。如果产生了新的需求，或行动没能满足原先的需求，可能要重新评估需求。但如果实现了目标，也满足了需求，下次出现类似需求的时候，很可能会重复相同行为；如果目标没有实现，则不太可能重复之前的行为。

5. 较好的选项是（c），因为它说明了目标理论的本质。（a）太武断，员工同意目标是最好的，但这并不是激励员工的唯一方式。（b）也太武断，制定有挑战性的目标的确能够激励员工，但这也不是唯一的方式。（d）恰当地强调了反馈的重要性，但反馈只是制定目标过程中的一个环节。

6. 最佳选择是（a），强调了要让员工建立信念，使他们相信自己的行为能获得有价值的回报。（b）是对的，但期望理论不止于此，不局限于绩效工资。（c）不正确，期望理论不仅涉及经济奖励。（d）不够完善，员工的预期是什么？

7. 在四个选项中，（a）显然错误，金钱奖励可能有效，但其他方式对某些员工可能同样有效，甚至效果更好。其他三个选项都有正确的成分，但总体来说，（b）比较好。因为它表达了关于金钱和动机的一个应该始终被牢记的基本事实——永远不要假设某种激励方式（比如绩效工资）能够对所有人同样有效。

8. 较好的选项是（c），因为它说明了存在不止一种激励方式。经济和非经济激励措施相结合，也称“整体薪酬”方式，可能是最有效的激励方式。（a）和（d）在某种情况下是正确的，但都不全面。（b）就是“胡萝卜加大棒”的方式，因为只能在特定情况下发挥有限的作用而已经被摒弃了。而且，这种方式还无法使员工感到被重视，只是简单地把人当作机器来对待。

思考练习 5.1

处理员工参与度的问题

调查结果显示出，这家分公司的员工对工作的感受和对管理层及团队负责人的态度出现了严重的问题。

一项提升员工参与度的计划可以包括以下五点：

- 就目前的形势进行小组座谈并请员工对该怎么办发表意见；
- 对每个部门的职位设计及工作组织方式进行评估；
- 为所有管理者提供职位设计的强化培训，并为调查显示出特定问题的管理者提供个别指导；
- 为所有管理者和团队负责人制订领导力提升计划；
- 为所有管理者及团队负责人提供培训和发展员工的强化课程。

思考练习 6.1

案例研究：巴切斯特市政委员会的工作和组织设计

案例中的主要问题在于，住房部中不同工作组的组织形式成为“筒仓”，因而导致工作拖沓、士气低落、为客户提供的服务很差，以及生产力低下。

对此需要做出根本性的改变，工作的组织方式应该以客户为中心。一种方式是对员工重新进行分组，每个组的成员都能够在一个工作场所来处理一个客户的各种住房需要。因此，每个组都能涵盖住房顾问、流浪者管理、登记、住房分配、临时住所安排及收入管理方面的事务。虽然一开始组员们可能各司其职，但他们可以逐渐学会处理其他住房方面的事务，这样他们的工作内容就会更丰富，工作组也能更灵活地运转，为客户提供更好的服务。同时，需要明确各个工作组应该如何处理工作的正常流程，让客户在进门时，就会被分派到一个有足够能力迅速接待他们的工作组。

思考练习 7.1

调研团队合作的质量

研究这个调查的结果就会发现，如第 5 项和第 1 项的结果，可能还有第 4 项，问题明显出在领导力方面。因此需要为团队领导提供领导力发展的强化课程，并在必要的情况下，以个别指导作为补充，开展一些使全体人员都参与的团队建设培训，这或许会有效。

思考练习 8.1

你是否善于授权

请按照以下方式为你的答案计分：

经常计 2 分

偶尔计 1 分

从不计 0 分

- 如果你的得分为 15 分或以上，那你在授权方面的确存在问题；

- 得分为 10 ~ 14 分，说明你在授权方面还可以，但仍有很大空间去提升；
- 得分为 5 ~ 9 分，说明你在授权方面做得相当不错，不过可能还有一些方面是你可以加以改进的；
- 得分为 5 分以下，说明你非常善于授权。

思考练习 9.1

关于工作丰富化的一个案例

让这项工作丰富化的最佳方式是让简承担更多总部 HR 日常工作中的职责，比如招聘初级员工，以及安排他们的入职培训。简既聪明又开朗，她可能需要接受一些培训，并在最开始时需要有人悉心地指导她，但她很快就会胜任这些工作。

思考练习 9.2

准备一份基本岗位职责说明

根据岗位分析的信息，可以制定基本岗位职责说明如下。

职务：质检员

总体职责：检测熟肉产品线上四种产品的质量。

重点工作领域：

- 对产品进行检测，以确定多种食品是否达到质量标准；
- 向直线经理建议，如何去补救检测中发现的质量问题；
- 向产品研发部门说明检测结果显示的严重问题；

- 为客户服务人员准备好，当客户就系列产品中任何一项提出质量投诉时，帮助客服人员做出回复；
- 定期准备报告，总结检测结果及发现；
- 参与如何改善质量标准的讨论会。

思考练习 10.1

召开一次绩效评估会议

需要讨论的主要事项包括：

- 员工完成了哪些工作；
- 员工需要继续努力的目标；
- 员工应如何去实现目标；
- 员工现有的知识和能力；
- 员工已经掌握的技能及需要学习的技能；
- 员工需要哪些帮助或指导。

思考练习 11.1

遴选面试技巧

以下是进行遴选面试时，面试官应该牢记在心的事项：

- 让被面试者放松心情；
- 对面试进行简要介绍；
- 确定被面试者已经对面试做好充分准备；
- 合理安排面试的程序；

- 提问恰当、清晰，不会让人误解；
- 必要时进行追问；
- 避免有引导性的问题，或一次问出多个问题；
- 让被面试者多说；
- 控制面试的进程；
- 使面试保持轻松、友好的氛围；
- 有效地结束面试；
- 获得被面试者足够的信息，以便对其是否适合招聘的岗位做出有效的评估。

思考练习 12.1

管理者可以为员工的学习和发展做哪些事

管理者为促进员工的学习和发展，可以在以下方面做一些事情：

- 了解团队中每个岗位都表现出色所需要具备的知识和技能；
- 通过观察和评估员工绩效，发现值得注意的领域，从而明确团队成员在学习和发展方面的需要；
- 利用一切和团队成员接触的机会——通过评估绩效、分配工作或给出指令，来为相关人员提供学习机会；
- 特别注意为团队新成员做入职培训，以确保他们清楚要做什么及怎样做；
- 为员工发展特定技能提供教练；
- 利用系统性指导方法训练员工开展不熟悉的工作。

思考练习 13.1

管理与绩效相关的薪酬

为了最大限度发挥与绩效相关的薪酬的作用，管理者应该：

- 与团队成员探讨薪酬体系的构成，以及员工能获得哪些收益；
- 确保绩效指标明确清晰；
- 确保绩效指标有一定难度但是是能够达成的；
- 必要时提供指导和帮助，让员工完成指标；
- 和员工一起做绩效评估，确定他们目标实现的程度如何；
- 公正客观地评估员工的绩效，认可员工的优点及其绩效；
- 对员工解释他们的绩效评估结果，并和他们讨论如何提升薪酬级别；
- 准备好认为员工达成绩效水平的客观依据，来说明绩效评估的公正性；
- 理解并遵守管理层给出的关于奖金总额如何分配的指导方针；
- 向员工说明他们获得的奖金是如何计算出来的。

思考练习 14.1

管理变革

计划这次变革，你需要：

- 弄清楚这次变革对整个部门及其成员可能具有的意义；
- 分析这次变革对部门中每个成员的影响；

- 思考员工可能做出的反应——痛快接受（不太可能），公开反对（可能），担心会受到一些影响（很可能），还是无所谓（不太可能）；
- 考虑到可能出现的反应，思考你将如何对整个部门解释这次变革；
- 思考如何让部门中的成员参与到变革的计划和实施过程中（要采用新的计算机系统已经是既定的，但如何重新组织工作流程是可以探讨的）。
- 准备好与员工就此次变革进行沟通，思考让员工参与的具体方式，比如评估在实施变革的过程中有哪些灵活空间；
- 为员工沟通、参与和实施变革制定时间表。

思考练习 15.1

管理冲突

你可以从以下方式中进行选择：

- 弱化矛盾；
- 调解；
- 达成妥协；
- 建设性冲突；
- 强加一种解决方案。

最佳方式是建设性冲突。你也许可以自己解决这个冲突，但

HR 专业人士（如果可以找到）也可以提供帮助。即使你不想强加一种解决方案，但如果其后的解决方式都不奏效，你恐怕就只能这么做了。

思考练习 16.1

遇到具有挑战性的情形你会怎么做

1. 选项（a）太盛气凌人了；（b）又太含糊；（c）比较好，因为清楚阐明了会议是关于什么的，让员工做好了心理准备，并给了员工时间整理思路；（d）过于随意了，这次谈话是正式的，员工也应该了解这一点，以免没有心理准备。

2. 选项（a）过于唐突，很容易使员工产生敌意；（b）是一种消极方式，既突然又专断，会使氛围从一开始就变得很糟；（c）大体上比较好，但和他人做比较可能会使员工心生不满，而且没有指明真正的问题所在；（d）相对来说更好，清楚说明了会议是关于什么的，而且表明你采用了在事实基础上与员工共同解决问题的方式。

3. 选项（a）可能会是一种有益的方式；（b）更好，因为表明你已经全面了解了情况，希望和员工共同找出解决方案；（c）只会引起员工的敌意，而且还暗示实际上没有合理的解决方案；（d）前一句话看似合理，但如果能和员工共同协商解决问题会更好，而后一句话又太蛮横，会破坏前一句话制造的良好氛围。

4. 选项（a）只会让事情更糟；（b）也是一种消极方式，管理者仍然得不到答案；（c）是积极的，采取了解决问题的方式，而不是敌对的方式；（d）是一种合理的方式，但给员工压的担子太重，管理者应该去帮助员工，而不是弃之不顾。

5. 选项（a）完全不具有建设性，只会让已经陷入的僵局加剧；（b）会制造敌意，只能让谈话变得更加消极，没效果；（c）听上去合理，但要是个难缠的员工，可能会心想甚至说出来："这是你的事，和我有什么关系"；（d）把会议的重点拉回到了真正的问题上，而且以事实为依据。

6. 选项（a）只能让当时及将来的情况更糟；（b）放低了姿态但只会适得其反；（c）承认了在当时的情况下难以取得进展，并提供了将来再寻求更好结果的机会；（d）在一定程度上可取，但以当时的情况看，可能已经无法继续谈话，所以最好能给双方一个冷静期。